Der Weg zur Mitte

2-3

Der Zugang zum tibetischen Rollbild beginnt an der Wurzel. Diese ist auf dem unteren Teil der Brokatumrahmung in rechteckiger oder quadratischer Form angebracht. Sie zeigt Tiersymbole, welche auf Verwandlung hinweisen. Auf dem einen Beispiel ist es der Wasserdrachen, der als Schlange im Wasser, seinem Element und zugleich Symbol des Unbewußten, zur Veränderung auffordert. Das zweite Bild zeigt den Phönix, der sich aus der Asche stets aufs neue erhebt und das Stirb-und-werde verkörpert.

Willy H. Fischle

Der Weg zur Mitte

Wandlungssymbole in tibetischen Thangkas

Bechtermünz

Für Corinna, Marina und Nicola

6-7

Im Mandala ist in sehr konzentrierter Form das Bild dargestellt, welches sich der Mensch verschiedener Zeiten und Kulturen von seiner Welt macht. Dabei erlebte er die Ordnung in der äußeren Welt als Entsprechung zu der Strukturiertheit seines eigenen Innern. Dieses Cakrasamvara-Mandala aus dem 18. Jahrhundert zeigt, wie liebevoll der stets anonyme Maler diese sacralen Kunstwerke gestaltete. Das Mandala wird oft in die tibetische Landschaft mit Schneebergen, Seen, Tieren und Bäumen einbezogen. Selbst der altersbedingte Abrieb der Naturfarben kann die Feinheit des Details nicht stören.

Vorwort

Der Weg zur Mitte ist der Weg in das Zentrum der Ordnung. In einer Zeit des Umbruchs und der Auflösung sollen die Gedanken dieses Buches dem Menschen, der sich auf dem Weg empfindet und begreift, eine Hilfe und Bestätigung sein. Dabei ist das Wort »Gedanken« vielleicht schon zu gewichtig. Es sollen die Bilder sein, die ihn zu seinem eigenen Innern und zum Wissen um seine Symbole führen und ihm die Sicherheit vermitteln, daß er einbezogen ist nach innen und nach außen in die große kosmische Ordnung.

> Mag auch die Spieglung im Teich
> oft uns verschwimmen:
> Wisse das Bild

sagt Rilke im IX. Sonett an Orpheus. Dabei wird der Mensch, der sich mit diesen Bildern beschäftigt, nicht zu einem faulen Frieden kommen. Die Meditation des Mandala will vielmehr einen Prozeß in Bewegung setzen. Alle diese Bilder tragen einen Aufforderungscharakter. Es sind echte Kunstwerke, die dementsprechend in voller Verdichtung Wesentliches in sich tragen und damit auch aussagen können. Diese Bilder verschenken sich nicht. Sie wollen nicht beschreibend in Einzelheiten mit dem Verstand erfaßt werden, sondern erheben Anspruch darauf, mit dem Herzen gelesen zu werden. Es geht nicht darum, einen Beitrag zur Ikonographie tibetischer Thangkas zu liefern. Vielmehr will ich aus tiefenpsychologischer Sicht aufzeigen und veranschaulichen, daß uns aus diesen Bildern Inhalte ansprechen, die aus Tiefen kommen, die über Tausende von Jahren gleichblieben und über Tausende von Kilometern von Europa bis Asien Gültigkeit haben und verstanden werden.

Ich danke allen, durch deren Begegnung und Analyse ich zur Einsicht in diese Zusammenhänge kam. Besonders möchte ich jedoch festhalten, daß ich diese Erkenntnisse dem steten Dialog mit meiner Frau verdanke.

Côte d'Argent, 25. 9. 1978. Willy H. Fischle

Die am Rande des Textes aufgeführten Ziffern geben die Seiten der entsprechenden Abbildungen an.

10-11

An diesem Vasudhara-Mandala lernen wir den Aufbau des Mandalas kennen. Drei konzentrische Kreise bilden den äußeren Ring der Abgrenzung. Danach stoßen wir auf den durch starke Mauern abgeschirmten quadratischen Palast. In der Vergrößerung heben sich die Tore in der Mitte der einzelnen Seiten deutlich ab. Im innersten Kreis, dem Heiligtum oder Sacrum, sitzt Vasudhara umgeben von ihren acht Erscheinungsformen als Nothelferin gegen die acht Gefahren. Sie versinnbildlicht den helfenden, mütterlichen Aspekt.

Der Umgang und die Auseinandersetzung mit dem Hintergründigen und Unerklärlichen hat den Menschen zu allen Zeiten bewegt und fasziniert. Natürlich wechselten Art und Form, doch das Suchen danach blieb stets erhalten und kann als spezifisch menschlich bezeichnet werden. So erleben wir auch gerade in unserer Zeit ein verstärktes Besinnen auf das, was hinter den Dingen waltet, nachdem lange Zeit in der Haltung des europäischen Menschen vordergründiges Messen und Wägen vorherrschte. Trotz aller Ergebnisse und überzeugenden Aussagen in der naturwissenschaftlichen Weltschau hat sich der Mensch das Sich-wundern erhalten, das in Form des griechichen Thaumazein am Anfang unserer Philosophie stand.

Wie damals kreist auch heute das Fragen und Sinnen des Menschen um die drei Punkte Mensch, Welt und Gott. Dabei gilt heute wie vor Jahrtausenden, daß diese drei Themen eine Einheit bilden und in einem unauflöslichen Bezug zueinander stehen. Wir haben durch die analytische Psychologie die Möglichkeit, die Grenze zwischen Bewußtem und Unbewußtem zu durchdringen, und erhalten so Einblick durch Traum und aufsteigende Bildgestaltungen, wie dieser Prozeß der Auseinandersetzung mit Mensch-Welt-Gott sich in kleinen Schritten vollzieht.

Wenn man sich mit dem Unsagbaren beschäftigt, muß man das Bild suchen. Wer vom Unsichtbaren etwas erfahren will, muß im Bildhaften sehen lernen. Auch unsere Sprache war im Enstehen eine Bildsprache. Davon lebt sie heute noch. Wir wollen unser Gegenüber durch eine Mitteilung »ins Bild setzen«. Das Unaussprechliche kann durch das dem Ursprung nähere Bild mitgeteilt und aufgenommen werden. Je mehr allgemein Gültiges durch das Bild ausgedrückt wird, desto mehr wird es zum Symbol. In ihm finden wir die Kristallisation und Verdichtung unzähliger menschlicher Erlebnisse und Erfahrungen. Das Symbol ist das sichtbar gewordene an sich Unsichtbare.

Der Mensch hat sich zu allen Zeiten, auf allen Entwicklungsstufen und in allen Kulturen mit den Bildern beschäftigt. Die Tiefenpsychologie stellte das Erkennen und Verstehen der Symbole als Mitteilung aus dem Unbewußten in den Mittelpunkt ihrer Methode. Erst durch dieses Bemühen wurde die Symbolsprache, die sich menschlich als allgemein gültig und verstehbar erweist, entziffert.

Über diese Sprache gewinnen wir Einblick in Erlebnisweisen des Menschen, die uns seither nicht ohne weiteres verständlich waren.

Das Symbolverständnis ist beim Kind noch erhalten. Auch der Künstler hat über seine Intuition den direkten Zugang zu diesem Verstehen. Beim Erwachsenen treten diese Fähigkeiten zurück hinter dem rationalen Überbau. In Wirtschaft und Technik wird das Symbol kaum vorkommen. Dort regiert nicht das Bild, sondern das Zeichen. Wenn wir zum Beispiel auf einem Briefbogen die Fernsprechnummer angeben und davor die stilisierte Darstellung des Fernsprechapparats setzen, so ist dies kein Symbol, sondern ein Zeichen. Und doch muß auch der Denker und Erfinder einräumen, daß dort, wo ihm ein echter Wurf gelungen ist, die Tiefen am Werk waren, in denen die Symbole die Abläufe bestimmen. Der heutige Mensch weiß längst, daß es Zusammenhänge gibt, die ihm von seiner Ausbildung her vorenthalten wurden. Er ist auf der Suche. Vor Chagall-Ausstellungen bilden sich Schlangen von Menschen, die »Bilder« sehen wollen. Ihnen geht es um echte Schöpfungen. Das heißt doch, wenn wir dem Wort schöpfen folgen, daß der Künstler diese Bilder wie Wasser aus dem Brunnen heraufgeholt hat. An diesem schöpferischen Prozeß wollen diese Menschen teilhaben, wenn es auch nur im Aufnehmen und Nachempfinden sein kann. Das Verstehen eines Bildes ist als Nachvollzug immer auch ein schöpferischer Akt.

Es genügt nicht mehr, Kunst und Kultur dem Menschen durch formalistische Beschreibung und Kategorisierung nach Stilelementen nahezubringen. Solche Versuche sind unzulänglich, da es gilt, die hinter der Oberfläche liegenden und verlaufenden Prozesse aufzuzeigen und verständlich zu machen. Das oberflächliche Sortieren nach äußeren Merkmalen ist immer dann zu beobachten, wenn der Mensch sich der Fülle der Erscheinungen noch nicht gewachsen fühlt und andererseits nicht in der Lage ist, die dahinter liegenden tieferen Zusammenhänge zu entschlüsseln. Der Versuch der Kunsthistoriker, Bilder einer Stilrichtung zuzuordnen, die mit -ismus enden muß, hält den Menschen eher davon ab, das Hintergründige in der Begegnung mit dem Bild zu erfragen.

Wenn es gelingt, dem Menschen unserer Zeit den Anschluß an das Bildverstehen zu verschaffen, wird für ihn damit der Zugang zum Kreativen wieder allgemein frei. Nur dann kann er kulturverstehend und kulturschaffend sein. Dabei ist es im Wesen des Menschen begründet, daß er unter Umständen fremde Kulturen aus dem Abstand heraus leichter zugänglich findet und über den Umweg sich und seine eigene Kultur besser begreift.

Das tiefste Bild, das sich Menschen über ihre Welt machten, ist im Symbol des Mandala dargestellt. In alten Zeiten und Kulturen gab es schon diese Form des Weltbildes. Wir kennen sie im europäischen Mittelalter wie im tibetischen Buddhismus. Gerade dort haben sie eine Reife in Darstellung und Ausdruck erfahren, die uns den Zugang erleichtert.

Es soll nicht Sinn der folgenden Bilder sein, in die Ikonographie des tibetischen Buddhismus einzuführen. Vielmehr gehen wir von diesen Bildern aus, weil in ihnen die Symbole, um die es geht, besser sichtbar zu machen sind. Wie oben schon erwähnt ist die Fremdheit der äußeren Form uns oft willkommen, um aus diesem Abstand heraus den Zugang zum Verständnis leichter zu finden. Auch unsere eigene Sprache erschließt sich uns erst vollständig in unserem bewußten Verstehen, nachdem wir den Umweg über eine Fremdsprache gegangen sind.

Thangkas sind wie der Name sagt Rollbilder, die also nur zur Betrachtung und Meditation entrollt werden. Sie können stattdessen auch durch einen Vorhang verhüllt sein. Ihren Platz haben sie im tibetischen Tempel und sind aus dem Kult heraus entstanden. Es sind sacrale Kunstwerke, wobei der Maler stets anonym bleibt. Die Bilder werden durch Auftrag von wasserlöslichen Farben mit dem Pinsel gemalt. Sie sind von höchster Feinheit in den
Details, so daß zum Betrachten eine Lupe unentbehrlich 7
ist. Wenn man Einzelheiten fotografiert und auf eine Leinwand projiziert, ergibt eine Flächenvergrößerung von 1 : 1600 noch gut erkennbare Bilder. Das Leinwandbild wird nach seiner Fertigstellung in einen rechteckigen Rahmen aus roten und gelben Bändern gefaßt und dann mit einem Brokatstoff umgeben, der nach unten trapezförmig ausgestellt ist.

Die Beschäftigung mit dem Bild beginnt für den Medi-
tierenden bei der sogenannten Wurzel. Dies ist ein qua- 2
dratisches oder rechteckiges Stück Stoff, das in der Mitte 3
des unteren Teils der Brokatumrahmung aufgenäht ist.

14-15

Einen zusätzlichen Kreis enthält dieses Mandala der Nairatmya. In acht Abschnitten sind die Leichenfelder abgebildet. Sie folgen in der Darstellung auch auf diesem Thangka aus dem 16. Jahrhundert sehr strengen Gesetzen einer Tradition. Dies unterstreicht die Wichtigkeit dieses Kreises. Auf den Leichenfeldern des Mandalas erlebt der Meditierende die Auflösung des menschlichen Körpers, wie er dies auch in Wirklichkeit auf den acht Leichenfeldern Indiens, welche er auf seinen Wanderungen als erste Übung aufsuchen muß, kennenlernt. Das Sterbenkönnen ist vor der Wandlung zu einer neuen Geburt notwendig.

Auf dem Ausschnitt sehen wir Nairatmya (»Die ohne Selbstsucht ist«) im Zentrum des Mandalas auf einem Lotos tanzen. Die flammende Aureole, die sie umgibt, zeigt ihre Macht und Ausstrahlung. Sie ist begleitet von vier weiblichen Gottheiten, zwischen denen sich vier Kultgefäße auf Lotosblättern befinden.

Dieser Blickfang besteht meist in der Abbildung eines, selten mehrerer Tiere. Es sind stets Tiere, die eine Wandlungssymbolik beinhalten.

Das eine Beispiel zeigt einen Phönix. Er ist hier in einer 3
kreisrunden Form sehr geschlossen dargestellt. Der Phönix ist der Vogel, der sich aus der Asche neu erhebt. Er symbolisiert seit alten Zeiten die Wandlung und Erneuerung aus dem Vergänglichen. Schon in der ägyptischen Mythologie spielte er eine Rolle und wurde dort als Verkörperung des Sonnengottes angesehen. Auch der Osiriskult übernahm ihn als Sinnbild für die Seele des Osiris. Über Griechen und Römer verbreitete er sich über den Mittelmeerraum und ging auch in die christliche Anschauung ein als der Vogel, der sich selbst verbrennt und aus der Asche neu aufsteigt.

Die anderen Bilder, welche am Eingang zum Thangka
stehen, sind Tiere aus dem Wasser, meist Wasserdrachen. 2
Der Drachen ist eine mythische Form der Schlange. Seine Erscheinungsform ist für uns Heutige ungewohnt. Wir kennen die Schlange als rund und glatt. In der Ilias läßt Homer die Schlangen, welche Laokoon und seine Söhne vor der Stadt Troja töten, aus dem Meer kommen und beschreibt sie als Tiere mit roten Mähnen. Die Schlange als Wandlungssymbol zu verstehen, wird uns nicht schwer fallen. Das Wasser als Lebenselement der Schlange macht das Verstehen noch leichter, da es als Meer das Symbol des unendlichen Unbewußten und des Lebens darstellt, aus dem alles kommt und wohin nach dem Wandlungsprozeß alles wieder geht.

Den Begriff Wandlungssymbol sollte man nicht zu eng fassen. Jedes Symbol enthält Teile aus dem Unbewußten wie aus dem Bewußtsein. Durch die Beschäftigung mit dem Symbol in Meditation oder Traumanalyse werden Inhalte ins Bewußtsein gehoben. Diese Inhalte werden in die Persönlichkeit integriert und bewirken so eine Veränderung. Das Symbol setzt also einen Prozeß in Gang, der eine Wandlung der Persönlichkeit bedeutet.

Das Mandala ist eine spezielle Form des Thangkas. Das Wort hat seinen Ursprung im Sanskrit und heißt Kreis. Schon vom geometrischen Standpunkt her gesehen ist damit das Mandala ein Konzentrationssymbol. Der Kreis umfaßt bei kleinstem Umfang die größte Fläche. Außerdem hat er einen einzigen Mittelpunkt.

Bei erster Betrachtung sieht man das Mandala außen umschlossen von mehreren konzentrischen Kreisen. Danach fällt als nächstes ein stark abgegrenztes Quadrat ins Auge. Dieses wiederum ist in seinem Innern durch die beiden Diagonalen aufgeteilt in vier Dreiecke, welche sich durch die Farben blau-gelb-rot-grün voneinander unterscheiden. Der Mittelpunkt besteht in einem oder mehreren Kreisen und ist dadurch nochmals durch Form und Farbe besonders betont.

Um den religiösen Hintergrund des Mandala besser zu verstehen, muß man sich einen Überblick über die historische Entwicklung des Buddhismus verschaffen. Die von dem Buddha Shakyamuni im 6. Jahrhundert vor Christus gestiftete Lehre breitete sich in Asien rasch aus. Ihre ursprüngliche Form war der Hinayana-Buddhismus, der Buddhismus »des kleinen Fahrzeugs«. Wie in jeder Weltreligion sollte der Gläubige nach dieser Lehre durch einhalten von bestimmten Regeln zur Erlösung durch die Erleuchtung kommen. Diese heute noch in Südostasien erhaltene Form des Buddhismus wandelte sich im Lauf der Jahrhunderte, so daß ab dem zweiten nachchristlichen Jahrhundert immer mehr der Mahayana, der Buddhismus »des großen Fahrzeugs«, in den Vordergrund kam. Zentraler Gedanke dieser Form ist das große Mitleid. Das Leiden in dieser Welt ist so groß, daß man tausend Arme haben müßte, um es zu lindern, und tausend Augen, um es zu sehen. Aus diesem Helfenwollen bildet sich die Vorstellung, daß es Wesen gibt, die schon Buddhaschaft erreicht haben, jedoch nicht ins Nirvana eingehen, sondern in dieser Welt bleiben, um den leidenden Menschen auf ihrem Weg zur Erleuchtung beizustehen. Der bekannteste Vertreter dieser Bodhisattvas ist Avalokiteshvara, welcher als der große Helfer in verschiedenen Formen mit bis zu tausend Armen dargestellt wird.

In Tibet wurde der Buddhismus ab 700 nach Chr. verbreitet. Die Träger waren hier vor allem die Klöster. Deshalb spricht man auch von Lamaismus, wenn man die tibetische Form des Buddhismus meint. Sein Symbol wurde in Tibet der Vajra, ein Zepter, das einen Diamanten als Zeichen der Klarheit und Reinheit enthielt. Diese hohe Verpflichtung zur Kristallisation, zur Verwesentlichung, machte den Vajrayana-Buddhismus zu einer esoterischen Religion, die sich nur bei den Mönchen der Klöster entwickeln und halten konnte. Dazu kam, daß die Lehre durch immer neue Formen von Geheimlehren, die nur den Eingeweihten vertraut und zugänglich waren, weitergeführt wurde.

In diesen Klöstern entwickelte sich auch der Brauch, bei Aufnahme von Initianten diesen die Aufgabe zu stellen, ein religiöses Thema in konzentrierter Form als Mandala darzustellen. Der um Aufnahme Ersuchende legte das Mandala aus kleinen bunten Steinen im Hof des Klosters. Danach wurde er vom Abt durch berühren mit dem Vajra in die Gemeinschaft der Mönche aufgenommen. Neben dieser Form des Initiationsbildes diente das Mandala natürlich auch im laufenden Gebrauch des Alltags der Meditation. Dazu wurde es als Thangka auf Leinwand gemalt und im Tempel aufgehängt. Der Initiant wird beim Mandala den Weg von außen nach innen nehmen, um von der Peripherie zum Zentrum zu kommen. Es gibt aber auch Mandalas, deren Abfolge sich von innen nach außen versteht. Dies ist beim Thema des Totenbuchs der Fall. Dort nehmen die Erscheinungen der einzelnen Tage des Nach-Tod-Daseins im Zentrum ihren Anfang und setzen sich immer weiter nach außen fort. Ob wir wie hier die zentrifugale oder wie beim Initianten die zentripetale Betrachtungsfolge nachempfinden, immer muß ein Weg zurückgelegt werden. Der Weg gehört dazu. Er ist notwendig, um zum Ziel zu kommen. Der Mensch hat sein Leben oft als Unterwegssein gesehen. Als Wanderer zwischen den Welten braucht er einen Weg. Er wird ihm im Christentum durch die Person Jesus, im Buddhismus durch den Pfad der Lehre angeboten. Diese allgemein menschliche Grundvorstellung des Wegs als Symbol der menschlichen Existenz führte Erich Neumann dazu, ihn als archetypisch zu bezeichnen. Er sieht im Weg einen Teil des Ritus, den der Steinzeitmensch bereits beim Aufsuchen seiner Tierbilder in den Felsenhöhlen von Altamira oder in der Dordogne vollziehen mußte. Es war die Vorbereitung zur magischen Begegnung mit den Bildern in der Höhle. Diese Wege waren für ihn viel langwieriger und beschwerlicher als für uns. Außerdem hing von diesem Ritual sein Jagdglück und damit sein Leben ab.

Auch im Mittelalter wurde das Symbol des Weges von den Menschen erlebt und in der Wirklichkeit vollzogen. Wir kennen die Tradition der Wallfahrtsstraßen bis heute.

18-19

Hinweise auf die Vergänglichkeit und die Notwendigkeit der Auflösung des Bestehenden sind auf vielen Thangkas als Motiv in das Bild eingestreut. Oft sind es Einsiedler, welche vor ihrer Höhle oder unter einem Baum über dieses Thema meditieren. Die Darstellung ist für unsere Vorstellung meist sehr realistisch. So liegen Teile von Leichen herum, Geier fressen davon. Auf dem Detail rechts wird eine Leiche auf dem Scheiterhaufen verbrannt. Eine andere ist auf einen Pfahl gesteckt. Unten liegen Wölfe bereit, sie zu zerfleischen und aufzufressen.
Im linken Bild sind die Organe unserer fünf Sinne in einer Schädelschale, welche oft als kultisches Gefäß verwendet wird, zum Opfer dargebracht. Der Mensch, welcher den Weg nach innen gehen will, braucht die Sinne als Verbindung zur Außenwelt nicht mehr. So sehen wir hier Augen, Nase, Ohren, in der Mitte die Zunge als Geschmacksorgan und vorn ein Stück Haut als Träger des Tastsinns in die Schale gelegt. Diese steht auf drei Totenköpfen und ist mit einem Weihepfeil geschmückt.

Wenn Menschen auf dem Jakobsweg von Frankreich über die Pyrenäen quer durch den Norden Spaniens bis Santiago an der nordwestlichen Ecke Europas pilgerten, waren sie wochenlang unterwegs. Die Vorbereitung in Form des Anmarsches nahm weit mehr Zeit und Kraft in Anspruch als das Erleben am Grab des Apostels selbst. Der heutige Mensch feiert Weihnachten, ohne um die Notwendigkeit der besinnlichen Hinführung durch eine vierwöchige Adventszeit zu wissen. Er identifiziert sich mit der österlichen Auferstehung, ohne den Weg der Vorbereitung durch die Fastenzeit zu gehen. Statt des Erlebens des inneren Weges wird er von einem nach außen verkehrten Wandertrieb befallen, der ihn sonntags zwingt, mit seinem Auto herumzufahren, unterwegs zu sein zu Zielen, die oft nur Enttäuschung sein können. Umgekehrt machen wir in der psychotherapeutischen Praxis immer wieder die Erfahrung, daß der Weg zur Sprechstunde als Vorbereitung dazu gehört und daß der Rückweg von Patienten um einen kleinen Umweg erweitert wird. Ich selbst erinnere mich, in meiner eigenen Lehranalyse aus diesem Grunde mein Fahrzeug ein gutes Stück vom Haus meiner Lehranalytikerin abgestellt zu haben und den Rest des Weges zu Fuß gegangen zu sein.

Der aus dem Bereich asiatischer Weisheit stammende Satz »Der Weg ist das Ziel« hat seine absolute Gültigkeit und wird sie immer haben. Wer den Weg scheut, kann an das Ziel nicht kommen. Weg ist immer Hinführung und Wandlung. Es gibt kein Ziel ohne Weg. Unterwegs-sein heißt nicht nur sich auf ein Ziel hinbegeben. Darüber hinaus bedeutet es, sich von etwas entfernen, etwas zurückzulassen. Ganz unbemerkt schließt es das Sterbenlernen ein.

Wenn wir nun den Zugang zum Mandala wie unser Initiant nehmen wollen, treffen wir zunächst an den äußersten Kreis. Wir sehen ihn aufgeteilt in acht Abschnitte. 6
Dies sind die acht Leichenfelder. Mit ihnen muß er sich 1
auf seinem Weg nach innen als erste Aufgabe auseinandersetzen. Auf den Leichenfeldern soll er ganz bewußt das Sterben lernen.

Alles Leben vollzieht sich in der Wandlung. Schon physiologisch erneuern sich die Zellen unseres Körpers, so daß wir von diesem Aspekt her betrachtet nach einigen Jahren nicht mehr der sind, der wir waren. Auch seelisch können wir das Leben nur im partiellen Tod vollziehen.

Sehr deutlich wird dies im Bereich der analytischen Psychotherapie erlebt. Der Analysand wird dann reifer, wenn er sich von seinen infantilen Fixierungen d. h. von Bindungen an frühere Entwicklungsstufen lösen lernt und damit veränderte Erlebnis- und Reaktionsstrukturen gewinnt.

Hier auf den Leichenfeldern gilt die Aufforderung zur Meditation über die Vergänglichkeit. Die Abbildungen
2- folgen einer alten Tradition. Neben Leichen und Leichen-
3 teilen finden wir eine Verbrennungsstätte, einen Baum, einen Stupa als Reliquienschrein und gleichzeitig Symbol des Kosmos und die zu dem Leichenfeld gehörenden Dämonen. Die Bilder auf dem Kreis des Mandalas entsprechen den acht in verschiedenen Gegenden Indiens tatsächlich bestehenden Leichenfeldern, die der Erleuchtung Suchende auf seiner Wanderung nacheinander bestehen muß.

Der Gedanke an die Vergänglichkeit und an die Auflösung der bestehenden Formen ist in vielen Thangkas zusätzlich als Grundthema eingestreut. Es finden sich in die Landschaft einbezogen Felsen mit Höhlen, in denen Eremiten leben. Diese sieht man in tiefer Meditation unter einem Baum sitzen, während vor ihnen in ihrem
9 Blickfeld Geier oder Wölfe eine Leiche zerfleischen und auffressen. Diese Einzelheiten sind jeweils sehr realistisch ins Bild gesetzt.

Die Auflösung des Körpers wird außerdem in einem
8 Bild sichtbar, das meist als Darstellung der Opferung der Sinne bezeichnet wird. In einer Schädelschale, welche sehr häufig als Gefäß im kultischen Brauch benützt wird, werden die Organe der fünf Sinne gesammelt und als Opfer vor dem Thron der Zentralfigur des Thangkas aufgestellt. Wenn wir der Bedeutung dieser Handlung nachsinnen, müssen wir uns zunächst klarmachen, daß unsere Sinne die Verbindung zur Außenwelt herstellen. Wer dem Weg nach innen folgen will und sich darauf konzentriert, braucht diese Organe nicht mehr. Bei bewußter Zuwendung zur Innenwelt wären sie nur Verführung und Ablenkung. Bei Offenheit gegen alle Außenreize entsteht die Gefahr der Reizüberflutung. Zur inneren Stille kann nur kommen, wer sich abschirmt. Menschen, die in starker Extraversion leben, träumen, daß sie an ihrem Haus Fenster und Läden schließen müssen.

Wir kennen auch aus der Geschichte der europäischen Philosophie eine Richtung, die sich der Introversion verschrieb. Auch sie folgte der Vorstellung: Wer sich der Innenwelt zuwendet, sollte die Außenwelt nicht mehr sehen. Das Schließen der Augen ist dazu das einfachste Mittel. Aus der griechischen Bezeichnung für diesen Vorgang (myo = ich schließe die Augen) erhielt sie ihren Namen: Mystik. Der Verzicht auf die Verbindung zur Außenwelt wird auch hier zur Voraussetzung für das Eingeweihtwerden und für die Vereinigung mit dem Göttlichen in der Unio mystica.

Wenn wir auf dem Weg zum Zentrum auf den Leichenfeldern des ersten Kreises das Sterben gelernt haben, kommen wir zu drei weiteren, dicht aufeinander folgenden 22-
Kreisen. Diese drei sind für jedes Mandala verbindlich. 23
Der erste ist der Feuerkreis. Er wird durch verschiedenfarbige Felder oder Strahlen abgebildet. An diesem Kreis angekommen soll sich der Einzuweihende mit dem Symbol des Feuers befassen.

Das Feuer kennen wir von unserer ersten Unterrichtsstunde in Chemie als notwendig für die Veränderung von Materie. Vom Bunsenbrenner wurde es zugeführt und im Reagenzglas verwandelte sich der Inhalt. Die Potenz des Feuers besteht in der Verwandlung eines Zustands in einen neuen. Das ist nur möglich über den Prozeß der Auflösung, der Destrukturierung. Damit erschöpft sich jedoch die Kraft des Feuers nicht. Verwandlung bedeutet nicht Chaos, sondern Hinführung zu einer anderen Gestaltung und Form, zu einem neuen Seinszustand.

In vielen Kulturen wurde diese Bedeutung intuitiv erkannt und gestaltet. Denken wir an den weit verbreiteten Brauch des Sonnwendfeuers. Die Feuer wurden entfacht an den Wendepunkten des Jahres, wenn durch die Sonne bestimmte Veränderungen im Ablauf der Natur bewirkt werden. Der Mensch früherer Zeiten war in seinem Kult so eng mit diesen verwandelnden Prozessen im Naturgeschehen verbunden, daß dadurch auch seine Lebensformen geprägt wurden. Der Brauch der Sonnwendfeuer hat sich in einigen Gegenden bis heute erhalten. In manchen Gebirgstälern werden brennende Räder als Feuerräder vom Berg herab in Bewegung gesetzt. Der Mensch selbst wird in den Vorgang einbezogen, indem Paare zusammen über das Sonnwendfeuer springen.

22-23

Die Bedeutung der äußeren Kreise im Mandala wird auf dieser Doppelseite sichtbar. Der Weg beginnt außen beim Kreis der Leichenfelder. Eines dieser acht Felder ist im Ausschnitt erfaßt. Wenn sich der Initiant dort mit der Vergänglichkeit dieses Daseins auseinandersetzt und dadurch sich zum Sterbenkönnen vorbereitet hat, ist er reif für den nächsten Schritt. Dieser führt ihn durch den Feuerkreis. Das Symbol der Reinigung und Verwandlung läutert ihn zur Fähigkeit der Verwesentlichung und Kristallisation im Diamantkreis. Er ist im Bild durch das Zepter auf dem schwarzen Grund gekennzeichnet. Danach kommt er an den Lotoskreis, der durch stilisierte Lotosblätter markiert wird. Nach Auflösung, Läuterung und Härtung ist hier das Symbol der neuen Geburt erreicht.

Auch in Analysen sind Träume mit Feuersymbolik bedeutsam. Sie zeigen oft die Reaktion des Träumers auf die von ihm geforderte Veränderung und Wandlung. Häufig zeigen sie seine Angst und Abwehr dagegen. Ein 35jähriger Analysand träumte, er sei in dem Haus, in welchem er die ersten Jahre seines Lebens mit seinen Eltern zugebracht hat. Er sieht im Traum, daß am Boden kleine Flammen aufflackern, und ist darüber entsetzt. Er alarmiert die Feuerwehr und stellt am Ende des Traums befriedigt fest, daß das Feuer gelöscht wurde und »nichts geschehen ist«, wie er wörtlich sagte. Dieses Bild wollte dem Träumer ins Bewußtsein bringen, daß er sich mit allen Mitteln gegen eine Veränderung seiner von der Kindheit her stark geprägten Lebensweise widersetzte.

Eine positive Stellungnahme und die Annahme und Bejahung des geforderten Verwandlungsprozesses zeigt folgender Traum: Die Träumerin steht vor einem Haus, dessen Dachstuhl brennt. Die Menschenmenge, welche um das Haus herum steht, teilt sich in ihrer Meinung in zwei Gruppen. Die Ängstlichen rufen nach der Feuerwehr und sind stark beunruhigt. Sie reden jedoch nur und bringen nichts zuwege. Die anderen helfen den Brand einzudämmen, damit er nicht auf die Nachbarhäuser übergreift. Der Traum endet für die Träumerin mit dem Gefühl: Es wird kein gefährlicher Großbrand entstehen. Dieses wird und soll abbrennen. Es wird ein neues Haus zu bauen sein, das schöner und besser sein könnte.

Trotz dieser zunächst im Traum vorhandenen Ambivalenz gewinnen die feuerbejahenden Kräfte die Oberhand. Diese Frau hat Vertrauen zu ihren unbewußten Möglichkeiten und glaubt ein neues Haus errichten zu können. Die Aussage dieses Traums zeigt im Gegensatz zum vorhergehenden Beispiel ein größeres Vertrauen in die Kräfte des Unbewußten und läßt auf eine stärker entwickelte Ichstruktur schließen, die sich durch Impulse vom Unbewußten her nicht sofort existentiell bedroht fühlt.

Die Angst vor dem Weg nach innen und der damit verbundenen Wandlung beherrscht viele Menschen in starkem Maße. Daher lehnen diese eine Analyse im Sinne einer Selbstbegegnung ab. Was ein Mensch trotz seinem Leiden an Symptomen als Abwehrmechanismen gegen eine Verwandlung entwickelt, ist erstaunlich. Weil die östlichen Führer und Begleiter auf dem Weg zur inneren

Begegnung dies wissen und immer schon wußten, gehört die Meditation des Feuers und der damit verbundenen Wandlung zur geistigen Übung.

Die Alchemie des Mittelalters kannte seine Bedeutung als Wandlungssymbol. Neben der Veränderung schafft das Feuer aber auch die Läuterung. Von diesem Aspekt her kennen wir es als Fegefeuer oder Purgatorium, wo die Seele gereinigt wird. Der Durchgang durch das Feuer wird bei Initiationsriten häufig gefordert. Auch in der »Zauberflöte« muß das Paar die Feuerprobe bestehen. Ebenso finden wir in Märchen, die sich als Äußerungen und Darstellungen aus dem Unbewußten auch der Bild- und Symbolsprache bedienen, die Bedeutung des Feuers als Symbol der Läuterung und Wandlung. Bei Hänsel und Gretel wird die Hexe, die psychisch überlistet und bestanden werden mußte, in den Ofen gesteckt und verbrannt. Dies ist nicht nur so zu verstehen, daß die Hexe damit beseitigt wurde. Darüber hinaus heißt diese Verbrennung, daß die bisher in der Hexe (negativer Mutteraspekt) gebundenen psychischen Energien umgewandelt werden. Sie werden von ihrer negativen Form befreit und können nun konstruktiv in der Persönlichkeit eingesetzt werden.

Zum besseren Verständnis dieses Geschehens kann auf das Beispiel einer Studentin verwiesen werden. Durch abstoßende Erlebnisse, die sie im Umgang mit ihrer Mutter gehabt hatte, konnte sie den Weg zur Bejahung ihrer eigenen weiblichen Seite nicht finden. Darum hatte sie sich in eine übertont männliche Seinsform geflüchtet, die ihr jedoch keine Befriedigung bringen konnte. Ihr Leben wurde erst dann für sie und ihre Umwelt richtig und sinnvoll, als sie nach der »Hexenverbrennung« im analytischen Prozeß selbst Mütterliches und Weibliches entwickeln konnte, ohne dabei in die negative Rolle ihrer Mutter verfallen zu müssen.

Geläutert und ausgeglüht gelangt der Initiant an den Diamantkreis. Wie oben erwähnt spielt das Zepter mit dem Diamanten eine entscheidende Rolle im tibetischen
22- Buddhismus. Der Vajrakreis wird auf dem Mandala als
23 Kreis mit einer vereinfachten Form des Zepters dargestellt. Nach der Wandlung im Feuer soll hier eine Strukturierung der Person im Sinne einer Kristallisation stattfinden. Durch Streben nach Klarheit soll eine Verwesentlichung eintreten. Auch an die Härte im Symbolgehalt des Diamanten in Abkehr von allgemeiner Labilität mag gedacht werden. Das Leben des heutigen Menschen ist gekennzeichnet durch eine eindeutige Betonung der Entformung. Seit Jahrhunderten Geprägtes löst sich auf. Deshalb müssen neue Wertungen und Einordnungen gefunden werden. So sieht sich der Mensch nicht nur beglückt und gefördert, sondern eher geängstigt durch Vielfalt und Möglichkeiten, wie sie vor ihm noch keinem in solcher Fülle zur Verfügung standen. Aus dieser Erfahrung heraus erwächst bei ihm die Tendenz zur zentrifugalen Bewegung aus sich heraus, in die Extraversion, auf die Möglichkeiten dieser Welt zu. Er wird die damit verbundene Gefahr in seinem Bewußtsein erkennen und lernen müssen, sie zu handhaben. Der Mensch wird begreifen müssen, daß man nicht alles sein, alles haben und daß man nicht allzuviel von diesem Vielerlei des Angebots in sich vereinigen kann.

Um zu sich selbst zu finden, bedarf es der Kräfte der Unterscheidung. Wer alles nehmen, tun und haben will, was möglich ist, hat noch nicht gelernt, daß Verwesentlichung nur über die Meisterschaft der Begrenzung vollzogen werden kann. Erst sinnvolle Beschränkung läßt Verdichtung zu. Der Weg zu dieser Meisterschaft beginnt damit, daß man auf allen Ebenen unterscheiden und Wesentliches vom Unwesentlichen trennen lernt.

Um Mißverständnisse auszuschließen, muß gesagt werden, daß es nicht darum geht, Scheuklappen anzulegen und sich zum Fachspezialisten auszubilden. Die Aufgabe muß vielmehr so verstanden werden, daß bei aller Offenheit für die Welt eine Kristallisation in einer Universialität stattfindet.

Ein Beispiel aus der Analyse eines Mannes mag uns einiges erläutern: Er träumt, daß er etwas sehr Wichtiges sucht, dies aber nicht finden kann. Entsprechend seiner Lebenssituation hatte er auch im Traum vieles vor und war bedrängt durch all das, was er unternehmen wollte. Plötzlich fand er sich eingeschlossen in einem Raum. Er war mit sich allein. Es überfiel ihn starke Angst. In dieser angstbetonten Situation und in der hektischen Unruhe, in der er einen Ausweg suchte, öffnete er eine Schublade eines Möbels, das in diesem Zimmer stand. Darin lag ein Stein. Diesen nahm er an sich und steckte ihn in seine Hosentasche. Darauf wurde er ganz ruhig. Die Angst löste sich auf.

26-27

Das linke Bild ist einem Thangka mit Darstellungen von Szenen aus dem Leben des historischen Buddha Shakyamuni entnommen. Es zeigt die Zeugung Buddhas nach der Überlieferung, wobei der weiße Elefant seiner Mutter im Schlaf erscheint. Der Elefant als Symbol von Männlichkeit und Stärke wird durch die weiße Farbe in seiner Bedeutung noch besonders hervorgehoben. Damit betont das Vatersymbol bereits die Wichtigkeit des zukünftigen Kindes.

Die reinste Geburt ist jedoch die aus dem Wasser auf der Lotosblüte. Bei dieser Pflanze ist nach buddhistischer Anschauung alle Verbindung zum Irdischen aufgehoben. Bei der Inkarnation des Buddha Amitabha in Gestalt des Guru Padmasambhava wird sie verwirklicht. Sein Name bedeutet »Der aus dem Lotos Geborene«. Auch von dem Meditierenden wird diese reine Geburt aus dem Wasser im Symbol des Lotos gesucht.

Der Traum war die psychologische Aufschlüsselung der inneren Situation dieses Mannes. Er war immer in Unruhe und ständig auf Jagd nach Neuem. Wenn er nicht durch dieses Vielerlei abgelenkt war, überkam ihn die Angst. Er konnte das Alleinsein mit sich selbst nicht aushalten. Die Lösung, welche der Traum vorschlug, war: Wenn Du den Stein an Dich nimmst, wenn Du Dich verdichtest und härtest, wirst Du zur Ruhe kommen. Für diesen Menschen war der Weg zur Verwesentlichung ein mühsamer und schwieriger Prozeß. Es fiel ihm nicht leicht, nein zu sagen und zu verzichten, wo er seither sich bedenkenlos und unreflektiert vom Augenschein verlocken ließ.

Wer Wesentliches vom Unwesentlichen unterscheiden kann und zum Wesentlichen zu stehen vermag, ist in der Lage, seinem Leben Ausrichtung und sinnorientierte Struktur zu geben. Man muß zuerst lernen, die kleinen Dinge klein zu sehen, um fähig zu werden, das Große als groß zu erkennen.

Welche Kraft demjenigen zuströmt, der im Prozeß der inneren Sammlung lebt und welches Gewicht dabei dem einzelnen Menschen zukommt, ist im Symbol des Minerals sehr deutlich erlebbar. Das härteste Mineral ist der Diamant. Er ist der Stein der Steine. Er gilt als unveränderlich und unzerstörbar. In seinem hohen Glanz besitzt er höchste Ausstrahlung und wird so zum Ausdruck der Verdichtung im Geistigen.

So wird es verständlich, daß er gefaßt im Zepter das wichtigste Symbol des esoterischen Buddhismus wird. Er gilt dort als das Symbol des spirituellen Weges. In seiner klaren und unveränderlichen Natur sieht der Buddhist die absolute Wirklichkeit der alles durchdringenden Leerheit. In dieser Verdichtung und Kristallisation sind alle störenden Faktoren und Versuchungen abgefallen. Die höchste Form des Buddha führt ihn als ihr Zeichen.

Auch in anderen Kulturen galt der Diamant, gefaßt im Zepter oder Donnerkeil, als Zeichen geistiger Macht, der niemand widerstehen kann. Indra führt diese Waffe im Kampf gegen die Dämonen ebenso wie der blitzeschleudernde Zeus der Griechen. Im europäischen Mittelalter wird der Diamant zum Symbol Christi. Er wirkt unheilabwehrend und verleiht seinem Träger Beständigkeit.

In sich das Wesentliche und damit, wie das Wort sagt,

das Bleibende und Beständige zu finden, ist Aufgabe des Meditierenden, wenn er sich auf den Weg zur Mitte gemacht hat. Am Diamantkreis muß er sich dessen besonders bewußt werden. Er darf sich nicht durch das Vielerlei in Unentschiedenheit, Labilität und Unstrukturiertheit halten lassen, da er sich sonst der Gefahr der Selbstentfremdung preisgibt. Hier am Diamantkreis muß er die Kristallisation und Verdichtung seiner Person einleiten.

Der dritte dieser dicht aufeinander folgenden, für das
22- Mandala verbindlichen Kreise ist der Lotoskreis. Er wird
23 durch stilisierte Lotosblätter gemalt, die in Kreisform
nebeneinander angeordnet sind. Statt Lotoskreis wird auch die Bezeichnung Padmakreis verwendet, da Padma das Wort für Lotos ist. Lotos ist die Pflanze, die aus dem Wasser kommt. Nach der Vorstellung der Tibeter hat sie keinerlei Verbindung mit der Erde, sondern lebt nur aus dem Wasser. Im Bild der Lotospflanze ist also alles Erdhafte entfernt. Lotos wird zum Symbol der reinen Geburt. Unter reiner Geburt versteht sich eine Geburt aus den unmittelbaren Lebenspotenzen ohne irdische Beigabe und Prägung. Es ist ein Geboren-werden aus der geistigen Tiefe. Hier wird im Thangka der Bereich des menschlichen Wesens angesprochen, der jenseits von der materie- und leibgebundenen Seite des irdischen Daseins eine Teilhabe am geistigen Sein ermöglicht. Es ist der Gegenpol zur animalischen Seite des Menschen. Um an diesen Möglichkeiten teilzuhaben, ist mindestens eine teilweise Ablösung und Distanzierung von der irdischen Bestimmtheit notwendig. Auch der Meditierende strebt diese geistige Wiedergeburt ohne irdische Schlacken an.

Die Reinheit der Geburt war in den Weltreligionen immer ein erstrebenswertes Ziel. Sie war auch in dem Bild, das sich die Menschen von den Stiftern der Religionen machten, enthalten. In der christlichen Lehre ist es die unbefleckte Empfängnis Mariens. Dabei müssen wir uns jedoch darüber klarwerden, daß diese Reinigung bereits eine Generation vorher bei der Mutter der Maria stattfindet. Anna empfängt ihre Tochter Maria nach katholischem Dogma ohne Erbsünde. Das bedeutet, daß die irdische Matrix, die auserwählt ist, den Gott zu inkarnieren, schon in der vorhergehenden Generation einer Reinigung von erdhaften Belastungen unterzogen wird, damit so auch noch bei der Menschwerdung eine höchst mögliche Reinheit erhalten bleibt. Reinheit ist hier nicht als Gegensatz zu Beschmutzung oder in moralischer Bewertung zu verstehen, sondern in der Bedeutung der ungetrübten und ungestörten Konzentration und Verdichtung. In dieser Reinheit ohne die Last und Verwirrung durch das Irdische und Triebhafte ist das Eins-werden mit dem Göttlichen erst erreichbar.

Ebenso war auch die buddhistische Lehre darauf bedacht, die Inkarnation ihres Religionsstifters sich möglichst rein vollziehen zu lassen. Der historische Buddha
Shakyamuni wird vom weißen Elefanten gezeugt, der sei- 26
ner zukünftigen Mutter im Traum erscheint. Diese Mutter ist zwar adliger Herkunft, aber sonst eine normale sterbliche Frau. Diese einfache Geburt, die von der weiblichen Seite her nicht rein genug war, wurde in der weiteren Entwicklung verbessert. Nach buddhistischer Tradition kam Buddha in Padmasambhava wieder auf die Welt. Diese
Wiedergeburt vollzog sich aus dem Wasser auf einer 27
Lotosblüte. Damit ist auch hier die Forderung nach der Reinheit in der Wiedergeburt erfüllt. Padmasambhava trägt seinen Namen nach der Lotos-(= Padma)blüte. Diese Forderung nach reiner Wiedergeburt wird am Lotoskreis des Mandalas entsprechend gestellt.

Auch in der griechischen Weltanschauung gibt es die Vorstellung von der reinen Geburt, die sich weitgehend ohne erdhafte Verbindung vollziehen soll. Apollon, der strahlende Lichtgott der Griechen, wurde auf Delos geboren. Nun ist Delos eine kleine Insel und damit schon von dieser Tatsache her wesentlich freier von erdhaften Bildern als das griechische Festland. Dies reichte jedoch den Griechen für den Geburtsort dieses lichten Gottes nicht aus. Sie machten in ihrer Vorstellung Delos zur schwimmenden Insel, so daß jede Verbindung mit der Erde aufgehoben war. Die Reinheit der Insel wurde in griechischer Tradition dadurch gewahrt, daß nach der Geburt Apollons niemand mehr auf der Insel geboren werden oder sterben durfte.

Fassen wir die Weisheit, die im Bild der vier konzentrischen Kreise des Mandalas liegt, zusammen, so wird auch uns die psychische Logik und Konsequenz in der Zusammenschau deutlich. Der Kreis der Friedhöfe fordert den Menschen auf zurückzulassen, was unter höherem Bewußtsein nicht mehr nötig, alte Hüllen abzustreifen,

30-31

Wenn der Initiant auf seinem Weg nach innen die Kreise hinter sich gelassen hat, kommt er an die mehrfachen Mauern des Palastes. Auf dem vorliegenden Mandala des Buddha Amitayus, der das Gefäß mit dem Wasser des langen Lebens in seinen Händen hält, hebt sich der Palast besonders deutlich ab. Das Quadrat bedeutet die Ganzheit unter vier verschiedenen Aspekten. Auch in der kosmischen Ordnung erleben wir die Einheit von Zeit und Raum aufgeteilt in die vier Jahreszeiten und die vier Himmelsrichtungen.

sich zu lösen aus der Verhaftung des Vergangenen, das Vergängliche als solches zu sehen. Im Feuer vollzieht sich die Veränderung des Bewußtseinszustandes. Die große Verwandlung setzt ein. Die als negativ erkannten Teile werden umgeformt. Die Durchglühung führt zur Reinigung. Nach dieser Auflösung im erdverbundenen wie im geistigen Bereich setzt die Aufforderung zur Verdichtung im Diamantkreis ein. Der Weg zur Mitte wird hier direkt im Bild der Kristallisation gezeigt. Über Verzicht und Härtung findet der Mensch sich selbst. Danach kann die Geburt aus der Tiefe der letzten und reinsten Lebenskräfte im Sinne des Lotos erfolgen. Diese Folge der vier Kreise allein schon ist im Mandala eine konzentrierte Aussage. Sie kann nicht mißverstanden werden und fasziniert bei näherer Beschäftigung immer wieder aufs neue.

Nach dem Weg durch die Kreise des Mandalas und der Wiedergeburt auf reinerer Stufe steht der Initiant nun vor
den mehrfachen Mauern des quadratischen Palastes. 11
Spätestens hier wird es ihm bewußt, welche gewaltige Ord- 31
nung hinter diesem Symbol steht. Sie zwingt den Menschen nach der Auflösung, Wandlung und Reinigung zur Gestaltung. Er muß sich auf den in ihm liegenden Entwurf seines Seins besinnen. Er muß »wesentlich« werden. Ohne Strukturierung gibt es weder im biologischen noch im psychologischen Bereich die Möglichkeit zu leben und zu sein.

Die Ordnung des Mandalas hat verschiedene Aspekte. Sie läßt sich zunächst vom Bild her geometrisch verstehen als Kreise, Quadrat und Dreiecke. Wir müssen jedoch nicht bei der zweiten Dimension stehenbleiben. Das Mandala will dreidimensional verstanden werden. Bei den Erscheinungsformen der zornvollen Gottheiten des Tibetanischen Totenbuches werden im Zentrum jeweils zwei Buddhas abgebildet, die natürlich bei flächenhafter Darstellung mehr oder weniger aufeinanderprojiziert werden müssen. Es sind Vajradhara als Buddha des Zeniths und Vajrasattva als Markierung des Nadirs.

Von dieser Vorstellung der Kugel ist der Schritt zur Interpretation des Mandalas als Darstellung der Welt nicht weit. Nach buddhistischer Überlieferung ist die
untere Basis des Quadrats Osten, links Süden, oben 38
Westen und rechts Norden. Dementsprechend werden auch Seiten und Tore des Palasts als Ost-, Süd-, West- und

Nordtor bezeichnet. Bei dieser Betrachtung des Mandalas als Weltordnung kommt uns das Wort Kosmos von selbst in den Sinn. Nach griechischer Anschauung bedeutet es Welt und Ordnung gleichzeitig. Auch die Griechen wußten, daß die Welt nur über ein ordnendes Prinzip existieren kann.

Da das Mandala damit den kosmischen Gesetzen folgt, verstehen wir von dorther sofort, daß der Osten dem Aufgang der Sonne entsprechend als Ausgangspunkt gewählt wird. Ihrem Lauf folgend werden auch die anderen Seiten im Mandala nach den Himmelsrichtungen benannt. Wie oben schon geschildert wird das Mandala bei der Initiation auf dem Boden in bunten Steinchen gelegt oder gemalt. Für den Initianten ist der Eingang zum Mandala die ihm zunächst liegende Seite des Quadrats. Diese wird daher Osten genannt. Wenn ein gemaltes Mandala an die Wand gehängt wird, ist die dem Maler ursprünglich zugewandte Seite unten. So entsteht die für uns Europäer ungewohnte Anordnung der vier Himmelsrichtungen: Osten unten, Süden links, Westen oben und Norden rechts vom Betrachter.

Der Mensch hat in allen Entwicklungsstufen das Bedürfnis, Ordnung zu schaffen und dadurch Übersicht in die ihn bedrängende Fülle der Welt zu bringen. Das gilt für seine Innen- wie Außenwelt. Als einfachstes Ordnungsmittel bot sich ihm die Zahl an. Dabei ist die quantitative Verwendung der Zahl im Sinne des Zählens und der Mengenlehre nur ein sehr formaler und oberflächlicher Umgang mit der Zahl. Sehr viel mehr Anschauung und Aussage über die Welt zeigt sich in der symbolischen Bedeutung der Zahl. Nach C. G. Jung spricht man vom Archetypus der Zahl. Auch bei anderen Völkern besteht die Auffassung, daß die Zahlen aus dem tiefsten Unbewußten stammen. Dies hat sich auch in den Mythen niedergeschlagen. Nach der chinesischen Legende sind die Zahlen von Drachen, Schlangen oder Schildkröten aus der Tiefe der Wasser dem Menschen geoffenbart worden.

Die Eins verkörpert das ungeteilte Eine. Sie ist ganzheitlich, total, in sich abgerundet. Sie ergibt bei Multiplikation und Division durch sich selbst wieder sie selbst. Auf der Stufe der Eins lebt der Mensch in primärer Naivität. Er ist »eins« mit seiner Umgebung und nimmt kritiklos die Dinge, wie sie sind. Wir kennen diese Stufe in der Entwicklung des einzelnen als Kind und in der Entwicklung der Völker bei den Primitiven. Im Mandala bedeutet die Eins zunächst den Mittelpunkt.

Die Zwei entsteht, wenn aus der ursprünglichen Eins ein Teil heraustritt. Die beiden stehen in einer Beziehung zueinander. Sie gehören zusammen, doch sind sie aufgespalten. Der Prozeß des Aufteilens, der Auflösung des Ur-Einen vollzieht sich über die Bewußtwerdung. Diese Differenzierung ermöglicht erst Unterscheidung und Gegenübertreten. Ursprünglich war der Mensch mit der Welt und dem Leben identisch. Er war Teil des ganzen Ur-Einen. Erst mit zunehmender Bewußtseinsentwicklung verfügte er über die Möglichkeit, der Welt und den Erscheinungsformen des Lebens gegenüberzutreten und sich auch gegen sie zu stellen. Es kommt zur Polarität und damit zu Spannungen. Es herrscht die Dualität. Für die menschliche Entwicklung bedeutet die Zweierstufe die Auseinandersetzung mit einer dualistischen Weltanschauung. Es entsteht Zweifel an Gott und Welt, Kritik an sich und seiner Umgebung. In der Zwei wird eine Auseinandersetzung erst möglich. Sie bietet Gelegenheit zum Dialog. Ontogenetisch ist es die Stufe der Pubertät. Phylogenetisch sind es Zeiten von Umbrüchen und Revolutionen. Im Mandala tritt die Zwei z. B. in Buddha und Prajna in Erscheinung. Der männliche Buddha und seine weibliche Seite sind als Erscheinung polare Gegensätze. In tieferem Zusammenhang sind sie Ergänzungen und daher in enger Vereinigung dargestellt. Wenn wir uns von rationalem Übergewicht freimachen, lernen auch wir, daß Gegensätze nicht Widersprüche, sondern Ergänzungen sind. Sie sind aufgeteilte Ganzheiten. Man könnte auch sagen, sie stellen verschiedene Aspekte, Seinsformen und Ausformungen des Ganzen dar. Sie stehen daher in innerem Bezug zueinander.

In der analytischen Arbeit mit dem Menschen der Gegenwart erleben wir, wie entscheidend es ist, aus der reinen Dualität, aus dem Leben der Gegensätzlichkeit heraus wieder zum ganzheitlichen Erleben zu finden. Wenn gegen Ende der Analysen Gegensatzspannungen des Lebens bewältigt werden können, treten in den Träumen wie auch in den zeichnerischen Gestaltungsversuchen mandala-ähnliche Symbole auf, Bilder, die auf einen Prozeß von rund-werden, heil-werden, ganz-werden hin-

weisen. Psychologisch gesprochen vollzieht sich hier die Integration und ganzheitliche Strukturierung der Persönlichkeit. Das bedeutet, daß nach dieser Entwicklung Teile der Persönlichkeit nicht mehr ausgeschlossen oder abgespalten werden können. Die einzelnen Funktionen reagieren nun sinnvoll in einem ganzheitlichen Zusammenspiel, während sie sich vorher bei dem in seinem Gleichgewicht gestörten Menschen in dualistischen Auseinandersetzungen gegenseitige Machtkämpfe geliefert haben.

Damit ist der Weg zur Drei bereits aufgezeigt: Die Drei bedeutet das Wiederfinden der Einheit auf einer höheren Stufe. Dies führt zu einer Erkenntnis über der Dualität. Die Bewußtwerdung führt von der Eins über die Zwei zur Drei. Nach der Dualität wird das übergeordnete Einende gesucht, das die Zwei überwindet und eine neue Einheit setzt. In unserer Philosophie wurde dieses Vorgehen am bekanntesten im Hegelschen Prinzip: von der These über die Antithese zur Synthese. Im Mandala entspricht die Form des Dreiecks innerhalb des Palastes dieser Symbolik der Drei.

Die Auflösung der Gegensätze und das Erlebnis übergeordneter Zusammenhänge vollzieht sich für die Menschen in verschiedener Weise. Jeder bringt hier seine subjektiven Lösungswege mit. Für den einen ergibt sich die Lösung in religiöser Gläubigkeit, für den andern kann es die Entdeckung großer übergreifender Lebensgesetze sein. Die subjektive Lösung und der Weg aus den Gegensätzen zur Synthese vollzieht sich nicht nur auf dieser hohen Ebene. Auch im Alltag, im Bereich des Banalen müssen Lösungen, muß die Synthese gefunden werden, da sich sonst die Gegensätze im ewigen Kampf miteinander auffressen. Als Beispiel dafür kann die Auseinandersetzung zwischen einem Heranwachsenden und seinen Eltern dienen. Die gegensätzlichen Positionen führen zu einem destruktiven Kampf und zu leidvollen Erlebnissen, wenn der Sinnbezug nicht gesehen wird. Dieser ist erst dann erkennbar, wenn man die oft heftigen und aggressiven Äußerungen der Ablösung des jungen Menschen als entwicklungsnotwendiges Geschehen sehen kann. Auch die Position der Eltern, die einen guten Teil der Energie ihres eigenen Lebens dem Schutz und der Führung des kindlichen Ichs zugewendet haben, und auch der Wunsch, sich die Beziehung zu diesem ihnen selbst sehr nahe ste-

34-35

Der Eintritt in den Palast ist nur durch die vier Tore möglich. Diese befinden sich jeweils in der Mitte der vier Seiten des Quadrats. Sie sind in der Farbe der Seite mit reicher Verzierung aufgebaut und werden nach Farbe oder der dieser Seite entsprechenden Himmelsrichtung benannt. In ihrer massiven Ausführung wird ihre Bedeutung betont: Wer hier durchgehen will, befindet sich in einer Grenzsituation. Er ist nicht mehr draußen und noch nicht drinnen. Er kommt aus einem ihm vertrauten Bewußtseinzustand und will in einen unbekannten. Ein Wächter in jedem Tor soll diese Erkenntnis noch unterstreichen. Nur den, der sich dieser Grenzsituation bewußt ist, läßt er passieren.

henden jungen Wesen zu erhalten, muß als ganz natürlich anerkannt werden. Beide Positionen können in der Verwirklichung der aus ihnen entstehenden Bedürfnisse zu Kampfhandlungen führen und ausarten. Erst wenn der beiderseitig notwendige Entwicklungsschritt, das Loslösen, auf beiden Seiten als sinnvoll und nötig erlebt wird, ist die Synthese zu realisieren.

Auf dieser Dreierstufe besteht für das Individuum die Gefahr, daß es aus Freude am soeben Erkannten und aus Begeisterung für die gewonnene Funktion des Erkennens das Gefundene für das Endgültige hält, das Abbild für das Urbild. Vielleicht erschwert diese Tatsache manchem Menschen den Zugang zu den Urbildern, weil er es als narzißtische Kränkung empfindet, daß seine Erkenntnisse nicht allgemeingültig und absolut genommen werden können. Er will die archetypischen Symbole nicht erleben, weil ihr Auftauchen und Bewußtwerden ihm unweigerlich seine Grenzen aufzeigen würde. Nur wenn sich der Mensch dessen bewußt wird, daß all sein Erkennen ihm in dieser Welt, wie im Höhlengleichnis bei Platon dargestellt, nur Schattenbilder liefern kann, ist er bereit, sich weiter zu bemühen und zur Vier durchzustoßen.

Dann bleibt man bildlich gesprochen nicht auf seinem Dreieck sitzen, sondern sieht andere »Dreiecke« neben sich und erkennt die Vielfältigkeit des Ganzen. Jede Aussage auf der Dreierstufe erfolgt unter dem Aspekt eines hic et nunc, das heißt, sie steht immer in einer Relation zu den örtlichen und zeitlichen Gegebenheiten des Individuums. Damit bleibt diese Aussage »relativ«. Solange man jedoch auf der Dreierstufe steht, wird diese Erkenntnis nicht bewußt. Die Subjektivität der Relation wird nicht gesehen. Man nimmt das soeben Erkannte als absolut gültig. Das Ich bucht es freudig als Zuwachs und Bereicherung und erhält dadurch einen Auftrieb, der bis zur Inflation gehen kann. Das ist die Gefahr auf der Stufe der Drei.

Wenn sich der Mensch beim Vorgang dieses Erkennens seiner Subjektivität bewußt wird und sich zu einer Bescheidung durchringt, betritt er den Bereich der Vier. Diese bedeutet die Ganzheit unter vier verschiedenen Aspekten. Es entsteht eine wiedergewonnene Einheit in Ganzheit. Die menschliche Grundstruktur ist darauf angelegt, daß die Ganzheit in der Vier erlebt werden kann. Im örtlichen Aspekt sind es die vier Himmelsrichtungen, die in allen Bildern von der Welt, welche sich Menschen zwischen Asien und Amerika gemacht haben, vorherrschend sind. Auch im zeitlichen Aspekt wird die Ganzheit durch die Vier in Form der vier Jahreszeiten gesehen. Im Mandala ist die Quaternität des Palastes durch starke Mauern und die vier Tore deutlich herausgestellt. Die vier Dreiecke der Meditationsbuddhas in ihren vier traditionellen Farben blau-gelb-rot-grün formen sich innerhalb des Quadrats um den weißen im Mittelpunkt stehenden Buddha der allumfassenden Weisheit.

Die Ordnung hat der Mensch immer als Voraussetzung für seine Existenz erlebt. In den Mythologien der verschiedenen Kulturen und Erdteile zeigt sich dies darin, daß zunächst das Chaos herrscht und dieses durch Ordnungschaffen unter Kontrolle gebracht wird. Land und Wasser werden vom Schöpfergott getrennt, Himmel und Erde, oben und unten, Tag und Nacht. Ordnen bedeutet auf der einfachsten Stufe lediglich trennen, sortieren, Gleiches von Ungleichem scheiden. Auf einer späteren Entwicklungsstufe beinhaltet es mehr: Hier werden Zusammenhänge und Beziehungen erfaßt. Das bedeutet, daß Sinn erfahren werden kann. Erst wenn Strukturen und der Bezug der einzelnen Teile zueinander begriffen werden können, ist Sinnerfahrung möglich. Strukturieren heißt auf einen Sinnablauf hin ordnen.

Auch im Einzelleben erfährt der Mensch, daß er ohne Ordnung nicht existieren kann. Er nimmt Zuflucht zur Ordnung vor dem Chaos und der damit verbundenen Angst. Das hat sich auch im Sprachgebrauch niedergeschlagen. Wir sagen: Der gestörte Mensch ist nicht »in Ordnung«. Wenn die Störung größeren Umfang annimmt, sprechen wir davon, daß dieser Mensch »verrückt« ist. »Verrückt« heißt, daß er aus der Ordnung, aus der Mitte gerückt ist. Jedes psychiatrische Gutachten beginnt mit der Aussage, ob der Patient orientiert ist nach Ort und Zeit. Dies ist die Voraussetzung zum »normalen« Zustand. Wenn Teilkräfte der Seele ins Chaotische abgleiten und damit sich dem ordnenden Prinzip entziehen, spricht man bei Abspaltung von Komplexen von einer Neurose, die Aufspaltung bedeutet Psychose (Schizophrenie).

Der gestörte Mensch ist also der aus der Ordnung Gefallene. Er ist nicht mehr in der Struktur des Daseins

38-39

Die Konzentration auf die Mitte des Mandalas wird durch einen inneren Kreis herbeigeführt. Sein Mittelpunkt ist der Schnittpunkt der Diagonalen im Quadrat. Die Flächen der dadurch entstehenden Dreiecke werden mit der Farbe der jeweiligen Seite versehen. Im Zentrum befindet sich der Buddha, dessen Weisheit und Lehre der Meditierende bei der Beschäftigung mit diesem Mandala gewinnen will. Hier ist es Yamantaka, der Überwinder des Todes. Seine Kraft und Dynamik ist dargestellt in seinen 9 Köpfen, von denen der vorderste als Stierkopf gestaltet ist, seinen 34 Armen und 16 Beinen sowie der ihn umgebenden Flammenaureole.

voll verankert und damit vom Sinnbezug entfernt. Die Klage über die Sinnlosigkeit des Daseins finden wir nicht nur beim Depressiven. Auch viele Menschen, die nicht deutliche Zeichen von Krankheit erkennen lassen, verdrängen ihr Leiden an der Leere ihres Daseins und verdekken dies oft mit Hilfe von übermäßiger Geschäftigkeit oder Genußsüchtigkeit.

Aus diesen Zusammenhängen wird es leicht verständlich, daß sich die ordnende Kraft auch im heilenden Prozeß der psychotherapeutischen Behandlung zeigt. Der Patient träumt und malt auch Bilder, die Mandalaform haben können. Das Unbewußte zeigt ihm auf diese Weise, was bei ihm nicht in Ordnung ist. So bringt zum Beispiel ein während einer Analyse gemaltes Mandala zum Ausdruck, was bei dieser Frau im derzeitigen Zustand nicht stimmt. Die Patientin malte einen Kreis und teilte ihn durch zwei senkrecht aufeinander stehende Durchmesser, welche zur unteren Kante des Zeichenbogens im Winkel von 45 Grad standen, in vier gleiche Teile. Diese Flächen füllte sie mit verschiedenen Farben aus: Das obere Viertel wurde blau, das linke gelb, das rechte grün. Im unteren Viertel fehlte die Farbe. Die Analysandin ließ kleine weiße Kreise stehen, welche sie jeweils stark mit schwarzer Farbe umrahmte. Dieser Sektor wirkte dadurch wie durchlöchert. In dem rechten Viertel, das wie vorher erwähnt grün gemalt war, hatte sie einen großen Teil in der Mitte ausgespart, den sie nun mit roter Farbe ausfüllte.

Gehen wir bei der Deutung dieses Bildes davon aus, daß die vier Grundfunktionen nach C. G. Jung auf einem Achsenkreuz abgebildet werden, so würde der Farbsymbolik entsprechend auf der senkrechten Achse oben mit blauer Farbe die Denkfunktion, unten die Gefühlsfunktion mit roter Farbe aufgetragen. Auf der Waagerechten muß links die Intuition in Gelb, rechts die Empfindungsfunktion in Grün aufgezeichnet werden. Auf dieser Achse stehen sich damit ganzheitliches, unterschwelliges Aufnehmen und Wahrnehmung über unsere Sinnesorgane gegenüber. Wenn wir nun das Mandala der Patientin auf diese Grundordnung hin prüfen, merken wir, daß das Rot der Gefühlsfunktion an dem Platz, da es hingehört, fehlt. In dem Sektor unten sind Hohlräume. Statt diesen Platz auszufüllen, ist das Rot auf die waagerechte Achse rechts zur Wahrnehmung gerückt.

Wenn wir zu verstehen versuchen, was das Unbewußte mit diesem Bild der Patientin mitteilen will, so ist die erste Aussage, daß ihre Gefühlsfunktion nicht an ihrem Platz ist. Sie wird daher in ihrem emotionalen Kontakt und Erleben gestört sein. In einem Zustand, den diese Zeichnung festhält, kann die Welt von ihr nicht voll erlebt werden, weil die Gefühlsfunktion fehlt und wie im Bild leer und hohl bleibt. Darüber hinaus läßt sich aber auch ablesen, daß durch das Zusammengehen der Gefühlsfunktion mit der Wahrnehmung ein affektives Überbetonen der Empfindungen erfolgt, das wahrscheinlich mit übertriebenem Agieren nach außen verbunden ist. Eine Verinnerung der überstark besetzten Sinneswahrnehmungen kann trotz betonter Zuwendung zur Außenwelt nicht vollzogen werden. Es fehlt die entsprechende Verarbeitung. Die affektive Agitation in der Außenwelt wird als Scheinerlebnis überbewertet. Hysterische Reaktionen werden als Gefühlsersatz gebraucht. Durch dieses Bild macht das Unbewußte die Analysandin also auf das gestörte Gleichgewicht der psychischen Funktionen aufmerksam, gibt damit die Chance zur Korrektur und leitet dadurch den Heilungsprozeß ein.

Wir sehen in diesem Mandala, wie zu jedem Symbol zwei Komponenten gehören. Die eine ist statischer Natur. Es ist das Bild, in dem sich dieses Symbol darstellt. Das andere ist die dynamische Komponente. Sie ist das Kraftfeld, das hinter dem Symbol steht und durch dieses hindurch wirkt. Wenn wir das Symbol für den Entwicklungs- oder Heilungsprozeß beim Menschen einsetzen sollen – sei es in Form der Meditation oder in der Traumanalyse – müssen wir beide Komponenten berücksichtigen. Oft drängt sich das Bild in den Vordergrund, weil es optisch wahrnehmbar ist und uns ins Auge springt. Wenn wir uns auf diese Wahrnehmung beschränken, schöpfen wir die Möglichkeiten, welche das Symbol uns bietet, in seiner dynamischen Auswirkung nicht aus, sondern begnügen uns damit, es einzuordnen und mehr oder weniger rational zu bewältigen. Bei dem eben besprochenen Mandala der Patienten ist nicht nur zu erkennen, was ist, sondern darüber hinaus aufgezeigt, was als Prozeß in Gang gesetzt werden soll.

Wenn wir diese wichtige Rolle des Symbols erkennen, sehen wir erst, welche Hilfe und Anleitung in den Thangkas steckt. Während im Judentum, Islam und auch in der christlichen Anschauung der autoritäre Gott im Mittelpunkt steht und dem Menschen ganz genau und fordernd gesagt wird, was er nach Gebot und Verbot zu tun und zu lassen hat, versucht der Buddhismus dem Menschen Hinweise zu geben, wie er selbst zu seiner Wahrheit und Erkenntnis aus seinem eigenen Innern finden kann. Es wird nicht Gehorsam gefordert von einer außerhalb liegenden Autorität, sondern Hilfe angeboten auf dem Weg, zu sich selbst zu finden. Dahinter steht die tiefe Weisheit, daß nur der heile Mensch imstande ist, religiöse Bindungen einzugehen.

Der Europäer, der soviel Aktivität in seinem Verhalten in der Außenwelt zeigt, daß er mit seiner Industrie und Wirtschaft diese Welt beherrscht, verläßt sich in seinem Innern auf die Aktivität Gottes zur Schaffung seines Heilswegs. Er bedarf dazu der Gnade. Anders der Asiate: Er bewältigt die äußere Wirklichkeit schlecht. Bei ihm verhungern Millionen. Selbst Hilfeleistungen anderer Erdteile sind zum Scheitern verurteilt, weil bei der dort bestehenden Passivität jede organisatorische Maßnahme stekken bleibt. In seiner religiösen Vorstellung im Innern ist er jedoch sehr aktiv. Hier bemüht er sich ein Leben lang, um zur Erleuchtung zu kommen und sich so aus dem Kreislauf der Wiedergeburten zu befreien. Wie tief es im Asiaten verankert ist, für seine innere Entwicklung etwas zu tun, geht aus dem Bericht hervor, den Medard Boss über seine Erfahrungen in Indien gibt. Auch vornehme Inder verlassen im Alter Familie und Besitz, um mit der Bettelschale durchs Land zu ziehen und sich so auf den Tod vorzubereiten.

Das uns bekannteste Beispiel aus dem tibetischen Kulturkreis für die innerseelische Aktivität ist die Beschäftigung mit den Motiven des Tibetanischen Totenbuchs. Durch die Meditation dieser Bilder ist der Mensch immer wieder damit beschäftigt, sich auf den Zustand nach dem körperlichen Tod vorzubereiten. Thangkas mit Abbildungen der Phänomene der vierzehn Tage, die auf den körperlichen Tod folgen, sind dem Buddhisten bei der Schau der Erscheinungen behilflich. Er übt seine Verhaltensweisen den dann auftauchenden Bildern gegenüber in diesem Leben schon systematisch ein, während er Aufgaben der Außenwelt bedenkenlos übersieht.

Am besten läßt sich das gegensätzliche Verhalten nach innen und außen hinsichtlich Aktivität und Passivität in diesem Schema aufzeigen:

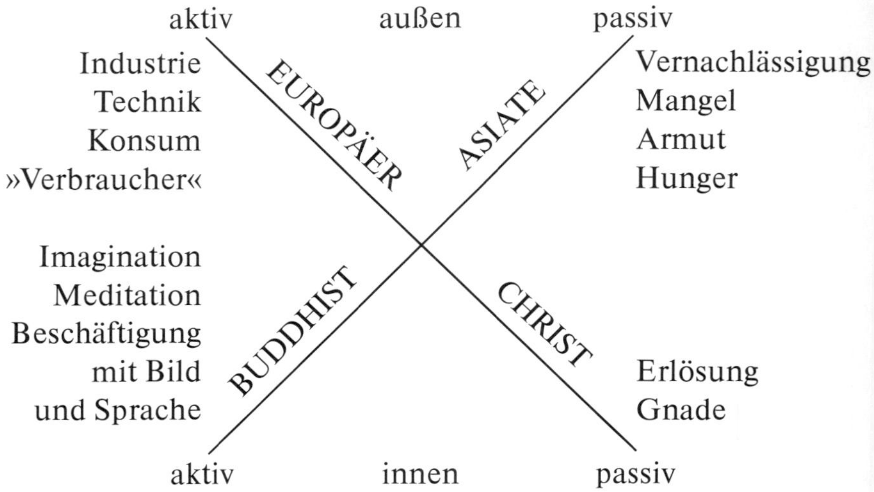

Wenn wir der Aufforderung des Mandalas, den Weg zur Mitte zu suchen und uns im Zentrum mit der dortigen Figur zu identifizieren und so uns mit deren Weisheit zu vereinen, nachgehen, bieten sich uns die vier Tore als Zugang an. Sie befinden sich jeweils in der Mitte des Quadrats und sind in die Mauern des Palastes eingebaut. Sie werden nach der kosmischen Anordnung den Himmelsrichtungen entsprechend benannt. Das Osttor befindet sich, wie oben erwähnt, nach tibetischer Tradition in der Mitte der unteren Seite des Palastes. Die Anordnung der Himmelsrichtungen ist also gegenüber unserer um neunzig Grad gedreht. In der linken Seite ist das Südtor einbezogen, oben das westliche und in der rechten Palastseite das nördliche Tor. In einem anderen Aspekt werden die Tore nach den kosmischen Farben benannt: Während Weiß die Farbe des Zentrums ist, werden die durch die Diagonalen im Quadrat entstehenden Dreiecke in den vier kosmischen Farben unten mit blau beginnend, links gelb, oben rot und rechts grün darstellt.

Wer zur Mitte will, muß also durch die Tore. Im Tor befinden wir uns in einer Grenzsituation: Wir sind nicht mehr draußen, aber auch noch nicht drinnen. Wir stehen auf der Schwelle. Wir kommen aus dem Bekannten und gehen ins Unbekannte, aus einem bisher vertrauten Bewußtseinszustand in einen neuen. Bei der Wichtigkeit

42-43

Die beiden Bilder sowie die auf S. 46-47 folgenden Bilder machen nochmals den Weg durch das Mandala von außen nach innen deutlich. Es ist ein Mandala der Gottheit Kalacakra. Unter diesem Namen (»Das Rad der Zeit«) wurden wichtige mystische Lehren der Kosmologie und Astrologie zusammengefaßt. Kalacakra steht dem Adibuddha als Urbuddha sehr nahe, der als Ausgangspunkt aller geheimen Lehren gilt. Er bedeutet den Versuch, möglichst alle Aspekte dieser Lehren zu einer Einheit zu bringen. Nach Feuer-, Diamant- und Lotoskreis wird der Zugang zum Palast möglich. Der Palast ist bei diesem Mandala in dreifacher Form ausgeführt.

dieses Übergangs ist es verständlich, daß an jedem Tor ein
34 Wächter steht. Er macht uns deutlich, daß wir etwas hinter uns lassen und im Begriff sind, Neuland zu betreten. Das Symbol des Tores ist auch uns im Bild unseres Lebenswegs geläufig. Wir sprechen vom Tor des Lebens, das sich uns bei der Geburt auftut, und vom Tor des Todes, das sich hinter uns schließt. Hier im Mandala vertritt jeder Torwächter eine bestimmte Weisheit, die uns beim Überschreiten der Schwelle bewußt sein muß. Darüber wacht er, daß wir im Bewußtsein dieses Wissens unseren Weg fortsetzen.

Nicht gedankenlos sollen wir über die Schwelle stolpern, meinte auch die Inschrift über dem Tor zu jener Philosophenschule in Athen. »Mädeis ageometrikos« stand über dem Eingang. Das ist ein Imperativ und bedeutet, daß keiner, der »nicht in Ordnung« ist, hier eintreten darf. Auch die Griechen hatten im Entstehen unseres europäischen Bewußtseins ein stark ausgeprägtes Empfinden gegenüber der Grenzsituation.

Der Punkt in Form der Schwelle auf unserem Weg nach innen ist in doppeldeutiger Weise nicht ein »einfacher« Punkt. Er ist ein zweifacher Punkt, weil wir auf ihm stehend am Außen und am Innen gleichzeitig teilhaben. Ich erinnere mich, daß es mich als Schüler sehr beeindruckt hat, als ich erkannte, daß der Punkt, in welchem eine Tangente einen Kreis berührt, ein »Doppel«-punkt ist. Ankommend und verlassend berührt die Gerade zweifach den Kreis. So vereint auch der Mensch im Empfinden des Augenblicks seiner Existenz Vergangenheit und Zukunft und geht seinen Weg durch all diese Punkte ständiger Wandlung.

42- Das Ziel des Weges im Mandala ist räumlich gesehen
47 die Mitte. Wir verstehen diese als den Mittelpunkt des Kosmos. In der bereits auf Konzentration ausgerichteten Form des Mandalas stellt das Zentrum den absoluten Mittelpunkt der Welt und damit die letzte Einheit in der Vielfalt der Erscheinungen dar. Symbolisch könnte man ihn den Archetypus der Archetypen nennen. Im Aufgehen
14 und in der Vereinigung mit dem zentralen Buddha findet
39 der Weg durch die verschiedenen Kreise sein Ziel. Auf eine christliche Formulierung übertragen kommt diesem Geschehen das Wort des Augustinus sehr nahe: »Meine Seele ist ruhelos, bis sie ruhet in Dir, mein Gott.« So ist auch für den östlichen Menschen das Eins-werden mit der Weisheit des im Mittelpunkt stehenden Gottes Aufgabe und Ziel der täglichen Meditation im kleinen wie im großen am Ende dieses Lebens.

Die Aufgabe der Vereinigung stellt sich jedoch nicht nur in diesem großen zentralen Aspekt, sondern findet sich auch in vielen kleinen Übungen. Zum Wandlungsprozeß ist ein ständiges Bereitsein zur Vereinigung von Gegensätzen notwendig. Soweit wir uns bewußt mit dem Individuationsweg des Menschen beschäftigen, versuchen wir in Analysen, dem einzelnen seine sogenannten Schattenseiten vor Augen zu führen. Unter Schatten versteht man in der Jungschen Terminologie Kräfte und Eigenschaften, die wir nicht als positiv annehmen können und daher verdrängen. Der Schatten ist ja stets von dem durch unser Bewußtsein beleuchteten Gesichtskreis abgekehrt und bleibt daher im Dunkeln. Durch Bewußtmachung und durch die dann erst mögliche Auseinandersetzung mit diesen vermeintlich negativen Kräften wird deren Assimilierung in die Persönlichkeit möglich. Auch hier vollziehen wir im psychischen Bereich eine Vereinigung von Gegensätzen.

Zur Verdeutlichung mag der Traum einer Analysandin dienen: Entgegen ihrer Lebenswirklichkeit gehörte sie im Traum zu einem Pfarrhaus, in welchem auch Nonnen lebten. Sie erhielt den Auftrag, am andern Ende der Stadt im Haus der Huren Hühnchen zu holen für sich und die Nonnen. Das Haus der Huren lag in den Niederungen der Stadt, wo die sozial nicht Anerkannten ihr Eigenleben führten. Es war ein schmuddeliges Viertel, einem Ghetto ähnlich, in das sich die Träumerin kaum hineintraute. Nach Überwindung dieser Hemmungen erhielt sie jedoch die gewünschten Hühnchen. Es war im Traum nun sehr wichtig, daß diese von ihr und den Nonnen gegessen wurden.

In ihrem seitherigen bewußten Erleben war die Träumerin von einer leibverneinenden und moralisierenden Haltung geprägt, die sich im Traum als Pfarrhaus mit Nonnen niederschlägt. Ihre Ablehnung gegenüber dem verachteten Bereich der Leiblichkeit und Sexualität drückt sie in ihrer Angst und Abscheu aus, diesen Bezirk der Huren zu betreten. Die regulierende Funktion des Traums zeigt deutlich, daß zu den seither nicht gelebten

und desintegrierten Lebens- und Persönlichkeitsteilen, die also bis dahin im Schatten blieben, Kontakt aufgenommen werden muß. Die Analysandin ist gehalten, etwas von den Huren zu essen, in sich aufzunehmen und damit zu assimilieren.

Die zweite große Aufgabe zur Einbeziehung von Gegensätzlichem stellt sich in der analytischen Arbeit durch das Bewußtwerden von Anima und Animus. Darunter versteht man den gegengeschlechtlichen Teil innerhalb der Person. Wir wissen heute, daß der Mann nicht nur männliche Funktionen und umgekehrt die Frau nicht nur weibliche Möglichkeiten in sich trägt, sondern daß in jedem von beiden Teile vom andern Geschlecht enthalten sind. Diese Kräfte bleiben zunächst verborgen, sei es weil die persönliche Entwicklung sie nicht förderte, sei es daß Gesichtspunkte und Wertstellungen aus Zivilisation und Kultur diese Eigenschaften dem Träger von seinem Geschlecht her als inadäquat und daher negativ einstuften. Bei der Bildung einer »runden« Persönlichkeit kann man jedoch auf diese andersgeschlechtlichen Kräfte nicht verzichten. Der Mann muß also seine weibliche Seite, umgekehrt die Frau ihren männlichen Teil in sich aufnehmen und in der Persönlichkeit vereinen.

An der Tatsache, daß diese beiden geschilderten Vorgänge innerhalb des menschlichen Reifungsprozesses häufig der psychologischen Nachhilfe bedürfen, erkennen wir, daß die Vereinigung der Gegensätze uns nicht leicht fällt. Die Begriffsbildung als Grundlage unseres Denkens ist im europäischen Bereich weitgehend vom polaren Gegensatz her bestimmt. Wenn wir »groß« hören, fällt uns sofort »klein« ein. Schwarz-weiß, oben-unten ... so gehen die Polaritäten durch alle Gebiete unseres Lebens durch. Es sind zwar auch im europäischen Denken bis hinein in die Wissenschaft in letzter Zeit Bestrebungen in Gang gekommen, wieder mehr ganzheitlich zu denken. Wir würden damit der mittelalterlichen Auffassung, daß Gegensätze sich nicht ausschließen, sondern Ergänzungen sind, näher kommen. Es besteht die Notwendigkeit, daß das rein zergliedernde, analysierende Denken eine Ergänzung findet durch die Fähigkeit zur Synthese. Reines zergliederndes Denken führt in der Konsequenz zur Auflösung und damit zur Zerstörung, wenn nicht rechtzeitig ein Ausgleich durch ganzheitliches Denken erreicht

46-47

Bei diesem Kalacakra-Mandala ist der Palast, wie wir schon bei den beiden Bildern auf S. 42–43 gesehen haben, in dreifacher Form aufgebaut. Er besteht aus drei quadratisch geführten Mauern. Man kann hier also von äußerer, mittlerer und innerer Mauer sprechen. Jede von ihnen besitzt in der Mitte der zueinander parallel laufenden Seiten ein Tor. Im Zentrum oder Sacrum befindet sich Kalacakra als Mittelpunkt einer achtblättrigen Lotosblüte.

wird. Im tantrischen Denken des Buddhismus wird die Vereinigung der Gegensätze laufend vollzogen. Viele Abbildungen auf den Thangkas drücken dies symbolisch
50 aus. Meist wird ein Buddha in tiefster Einheit mit seiner
51 weiblichen Seite dargestellt.

Was wir in therapeutischen Maßnahmen im analytischen Prozeß dem heutigen Menschen anbieten, die Annahme seiner dunklen Seite und seiner gegengeschlechtlichen Funktion, ist in der Meditationsvorlage des tibetischen Buddhismus seit Jahrhunderten gegeben. Diese Weltanschauung war sich, wie oben erwähnt, bewußt, daß nur der heile Mensch echte religiöse Bindungen eingehen kann, und sorgte daher ganz praktisch dafür, daß ihm im Bild Hilfen dazu zur Verfügung standen. Der Weg, den der Meditierende durchläuft, enthält Stationen mit entsprechendem Aufforderungscharakter.

Auch in unserem tiefenpsychologischen Aspekt führt uns das Unbewußte zur Ganzheit in Form des Selbst. Dazu müssen wir, wie oben aufgezeigt, alle abgespaltenen Teile assimilieren und in uns vereinen. Wenn wir uns mit Teilen unserer Person identifizieren, werden wir in dieser Form und auf dieser Stufe fixiert. Deshalb ist auch beim Weg des Toten im Nach-tod-dasein, wie es im Tibetanischen Totenbuch dargestellt ist, die Identifikation mit den Erscheinungen am ersten Tag viel leichter als mit denen der folgenden oder gar der letzten Tage. Am ersten Tag erscheint im Zentrum des Mandala der weiße Buddha Vairocana, der alle Teilaspekte in sich vereint. Der Weg im Mandala des Totenbuchs führt ja zentrifugal aus der Mitte heraus. Den Buddha der Mitte als Erscheinungsform seines eigenen Innern zu erkennen, fällt dem Menschen viel leichter, als die tierköpfigen Dämonen des 14. Tages als Bild des eigenen Innern anzunehmen.

Dem hochentwickelten Buddhismus in Form des Lamaismus, wie er in den Klöstern Tibets entstand, geht es deutlich darum, dem Menschen Hilfen zu seiner Selbstentwicklung anzubieten und ihn nicht der Angst vor Strafe auszusetzen. Die bei uns häufig angewandte Methode besteht darin, durch Verbote und Androhung von Strafen den Menschen zu seinem Wohl erziehen zu wollen. Dadurch wird das Bild eines Gottes geschaffen, der sich ewig über den Menschen ärgert. Umgekehrt wird der Mensch bei diesem Vorgehen in einer Infantilität festgehalten, die ihn nie zum Dialog mit Gott kommen läßt, sondern das Bild des Kindes dem zürnenden Vater gegenüber aufrechterhalten will. Denn unvollkommen zu sein und Fehler zu machen, gehört auch heute noch zum menschlichen Dasein. Deshalb kommt es dem Menschen sehr entgegen, wenn dieser Buddhismus in seinen religiösen Praktiken Möglichkeiten anbietet, die nicht nur ein religiöses Erleben bedeuten, sondern zunächst dem Menschen eine Hilfe zu eigener Entwicklung sind und ihn dann zu einer freien Begegnung mit dem Göttlichen befähigen.

Auf der Suche nach der Ganzheit werden die Gegensätze im Buddhismus vereint. Auch die Darstellungen auf den Rollbildern drücken dies entsprechend aus. Ein deutlich sichtbares Beispiel der Vereinigung von männlich-weiblich ist die typische Darstellung eines Buddha in der
Yab-Yum-Haltung. Hier wird der männliche Buddha mit 54
seiner weiblichen Entsprechung in tiefster Einheit vom 55
oralen bis genitalen Bereich dargestellt. Der weibliche Teil ist seine Prajna, seine Weisheit. Besonders sichtbar wird die Vereinigung in der Darstellung des zentralen Adibuddha, wenn er unter Verzicht auf jeden Schmuck in Einheit mit seiner weiblichen Entsprechung in weißer Farbe im Thangka erscheint.

Auch der europäische Künstler schafft unbewußt diese Vereinigung der Gegensätze. Am leichtesten erkennen wir dies bei Chagall. Immer wieder malt er das Paar in seinen Bildern. Er stellt es in der Zweiheit als Ganzes dar: Sie sind so ineinander verschmolzen und verwoben, daß der eine in den andern übergeht und der Körper von Mann und Frau in einer ganzheitlichen Gestalt erscheint. Sie haben oft zusammen nur einen Kopf, wobei die Gesichtsform des einen in das Profil des andern übergeht, so daß die Nase des Mannes zugleich die Nase der Frau ist. Die Paare werden von Chagall auch so ins Bild gebracht, daß sie nach oben die männliche Seinsform, nach unten mit dem Kopf zur Erde die weibliche Seinsform zeigen. In einem Selbstbildnis sitzt er auf den Schultern seiner Frau, die im Wasser, dem großen Strom des Lebens, steht.

Doch nicht nur in dieser personifizierten Form wird männlich-weiblich zusammengebracht. Auf dem Bild »Ich und das Dorf« sind sehr viele männliche und weibliche Momente zueinander in Beziehung gesetzt. Der Kopf Chagalls steht mit großen Augen und offenem

Mund, also aufnahmebereit, den weiblichen Kräften seiner eigenen Seele gegenüber. Diese sind symbolisiert durch den Kuhkopf, der in sich nochmals das nährende, lebensspendende Bild dieses Tieres enthält. Im oberen Teil erscheint der ausschreitende, tätige Mann mit der Sense über der Schulter, ein Ausdruck männlicher Aktivität. Diesen männlich geprägten Verhaltens- und Seinsweisen stehen weibliche Ausformungen in Gestalt der Frau gegenüber. Sie zeigt mit dem Kopf in die Tiefe und erreicht mit ihrem Wissen andere Weisheiten. Die Suche nach der Ganzheit ist als Prozeß der Begegnung dargestellt. Die beiden sich gegenüber stehenden Aspekte umfaßt der Kreis. Wie im Mandala ist er aufgeteilt in vier Sektoren, die entsprechend dem dortigen Gesetz über die Dreiheit zur Totalität der Vierzahl führen. Wie sehr es auch Chagall um die Vereinigung der Gegensätze geht, wird dadurch unterstrichen, daß in einem weiteren kleinen Kreis die Gegensätze männlich-weiblich als Sonne und Mond vereint gemalt sind.

Auch in der Symbolik der Farben vereint Chagall in diesem Bild unbewußt die Gegensätze von männlich-weiblich in der Durchdringung der Farben Rot und Weiß. Diese farbliche Zuordnung von Rot zu männlich und Weiß zu weiblich können wir über einen Zeitraum von über 3000 Jahren zurückverfolgen bis in die Wandmalereien im Palast von Knossos auf Kreta. Auf dem heute im Museum von Heraklion ausgestellten Bild der Stierspringer sind die Jünglinge rot gemalt, die dabeistehenden Jungfrauen in weißer Farbe dargestellt. So gültig sind diese Aussagen der Symbole über Jahrtausende hinweg. Andererseits finde ich es aber auch sehr eindrucksvoll, mit welcher Selbstverständlichkeit die Vereinigung der Gegensätze im Unbewußten des schöpferischen Menschen in Mitteleuropa und im religiösen Erleben im tibetischen Thangka vollzogen wird.

Ähnlich wie bei Chagall ist die Vereinigung von männlich-weiblich auch bei Henry Moore in Symbolen ausgedrückt. Bei der großen Ausstellung seiner Werke auf der Burg über Florenz stand dort auch eine Plastik, die im Katalog seiner Art entsprechend als up-right-Motiv, also als aufrechtstehendes Motiv bezeichnet war. Beim Bemühen, diese Plastik zu verstehen, fiel mir eine Kleinplastik ein, die auf Zypern gefunden worden war und die

50-51

Im Aufgehen und in der Vereinigung mit dem zentralen Buddha findet der Weg durch das Mandala sein Ziel. Die Aufgabe der Vereinigung stellt sich jedoch nicht nur als Annäherung an die Zentralfigur des Mandalas, sondern auch an anderen Stellen im Thangka in der Aufforderung zur Vereinigung der Gegensätze. Im Entwicklungsprozeß verwandeln sich Gegensätze zu Ergänzungen, die sich in diesem neuen Bewußtsein zur Einheit bringen lassen. Ein wichtiges Beispiel dafür ist in der buddhistischen Überlieferung die Vereinigung der scheinbaren Gegensätze von männlich und weiblich. So stellt dieses Mandala des Totenbuchs in seinem Zentrum den Buddha Vairocana in tiefster Einheit mit seiner weiblichen Entsprechung dar.

Große Mutter mit ihrem Sohn bzw. Mann darstellt, den sie waagrecht auf ihren Armen hält, während sie selbst aufrecht steht. Dieser alten Plastik aus dem Mittelmeerraum war die überlebensgroße von Henry Moore trotz der abstrakten Form sehr ähnlich. Als ich mich nun unter dem Gesichtspunkt dieser Zusammenhänge der Plastik in Florenz nochmals näherte, entdeckte ich am Sockel der Figur Sonne und Mond ineinander abgebildet. Henry Moore hat also an dieser Stelle unbewußt den Schlüssel zum Verständnis seiner Plastik angebracht: Sie symbolisiert die Vereinigung von Mann und Frau, wie diese auch in der Plastik der Großen Mutter erscheint. Die Sonne als männlicher Teil und der Mond als weibliches Element sind vereint.

Die Vereinigung von männlich und weiblich in den Symbolen von Sonne und Mond, wie sie hier vom Künstler als Brücke zum Verständnis seines Motivs verwendet wird, finden wir auch in Zeichnungen, die von Patienten während der Behandlung als Bilder aus dem Unbewußten gemalt werden. Jedem von uns ist der Zugang zum Unbewußten möglich und jeder könnte sich diese Quellen schöpferischen Einfalls offenhalten, wenn nicht von Kindheit an durch die einseitige Überbewertung des Rationalen das Unbewußte und die rational nicht faßbaren Bereiche ständig entwertet würden. Dadurch entsteht eine Unterentwicklung und Verdeckung dieser Kräfte. Wer bereit ist, diese Betonschicht zu entfernen und auf diese Funktionen zu vertrauen, findet den Anschluß an dieselben Quellen, aus denen der Künstler schöpft und welche der jahrtausendealten Verbindung zwischen der Plastik aus Zypern und einem heutigen Kunstwerk zugrundeliegen.

Die Sonne ist uns als Symbol des Männlichen allgemein verständlich. Sie wird in vielen Kulturen als höchster Gott verehrt. Von ihr kommt das Licht, die Ordnung des Tages und der Zeiten. Ohne Sonne gibt es kein Leben. Sie trägt ihren Teil zum biologischen Aufbau bei, läßt aber auch verdorren, versengt und verbrennt, was die Vegetation hervorgebracht hat. Anders der Mond: Er ist milde in seinem Schein. Während die Sonne in ihrem hellen Licht alle Einzelheiten in Erscheinung treten läßt und dem Menschen sehen, wahrnehmen und erkennen ermöglicht, scheint der Mond uns in der Nacht. Seine gemäßigte Helligkeit beläßt die Dinge in ihrer Umhüllung und bezieht den Hintergrund mit ein. Während das analysierende Vorgehen des Menschen der Sonne zuzuordnen ist, gehört die Fähigkeit zur intuitiven Schau im ganzen zum Mond. Dies entspricht der weiblichen Seinsform. Der Mond bestimmt den Rhythmus von Ebbe und Flut. Auch der Ablauf des monatlichen Zyklus der Frau richtet sich nach seinem Maß. Während der Mond auf diese Weise mehr im Verborgenen der Natur wirkt, bestimmt die Sonne die bewußtseinsnahen Abläufe des menschlichen Lebens. Nach ihr stellen wir unsere Uhr und den Kalender. Der Mond versinnbildlicht den Wechsel, während die Sonne die Kontinuität gewährleistet.

Die Vereinigung von Sonne und Mond kommt natürlich auch im tibetischen Thangka vor. Auf einem Bild des Hayagriva, des ursprünglich pferdeköpfigen Gottes, finden wir Sonne und Mond dreimal nebeneinander dargestellt. Das eine Paar steht außerhalb der Körperaureole etwa auf der Querachse des Bildes. Die zweite Gegenüberstellung befindet sich neben dem Kopf der Zentralfigur in der Höhe des Kopfschmucks. Zum drittenmal erscheinen Sonne und Mond in der Aureole der Nebenfigur, die aus der Sicht des Betrachters oben rechts im Bild eingefügt ist.

Wenn wir jetzt noch Bedenken haben, die Sonne als Symbol des Männlichen und den Mond als das des Weiblichen zu verstehen, so hilft uns dieses Bild weiter. Bei vergrößerter Darstellung der Sonne erkennen wir in ihr den 58
Adler. Dieser wurde immer dem höchsten Männlichen, sei es in göttlicher Form wie bei Zeus, sei es in weltlicher Überlieferung dem Kaiser und König, zugeordnet. In Mythologie wie Heraldik verkörpert der Adler die Spitze geistiger männlicher Potenz. Der Vogel in der Sonne ist auch den Ägyptern bekannt. Dort wird der Horus-Falke in den mythologischen Zusammenhang eingeordnet. Horus ist der Lichtgott und wird als Sonnenscheibe mit Flügeln über den Toren der Tempel angebracht. In der späteren ägyptischen Mythologie wird der Falke, die Sonne und der König zu einer Dreiheit vereint. Die Griechen setzten Horus mit ihrem Lichtgott Apoll gleich. Im vergrößerten Bild des Mondes dagegen wird uns der Hase sichtbar. 58
Er gilt wegen der großen Zahl seiner Nachkommen als Bild der weiblichen Fruchtbarkeit und verdeutlicht damit nochmals den Mond als Symbol des Weiblichen.

Eine weitere Darstellung der Vereinigung der Gegensätze männlich-weiblich finden wir auf einem anderen Thangka in geometrischer Form. Hier erscheinen fünf 5 weibliche Gottheiten über zwei Dreiecken. Eines der Dreiecke hat die Spitze nach unten, ist also oben offen. Wie bei dem Bild Chagalls »Ich und das Dorf« die Frau mit dem Kopf nach unten dargestellt ist, sagt auch dieses Bild, daß diese Art des Seins ihre Zielrichtung, ihren Schwerpunkt im Bereich der Tiefe hat. Das Weibliche ist auf das Erdhafte, Chthonische, Dunkle, Unbewußte ausgerichtet. Über die weibliche Seinsform wird eine Dimension erreicht, die aus Bereichen jenseits des Bewußtseins ihre Weisheiten und Erkenntnisse bezieht. Das andere Dreieck zeigt mit der Spitze nach oben. Es weist also in das Geistige, Helle, Bewußte und verkörpert so die männliche Seinsform. Wie wir uns bei der Symbolik der Zahlen schon bewußtgemacht haben, überwindet die Drei die Polarität der Zwei. Dies geschieht hier zunächst in der Form des Dreiecks. Darüber hinaus vereinigen sich aber auch noch 5 die beiden Dreiecke, indem sie sich durchdringen. Wenn wir den geometrischen Mittelpunkt dieser neuen Form nehmen, dann können wir von dort einen Kreis um die Dreiecke schlagen, der sie einschließt und in ihren Spitzen berührt. Die aus den Dreiecken neu erstandene Form ist das Hexagramm. Die Vereinigung der beiden Dreiecke ist das Symbol einer neugewonnenen Einheit, die in sich die verschiedenen Seinsweisen weiblich und männlich und die damit verbundenen Möglichkeiten an Welterfahrung und Weltbeantwortung haben. Männlich und weiblich sind somit darin nur jeweils Teilaspekte. Wer sich dem einen oder anderen Aspekt ausschließlich verschreibt und die Möglichkeiten des Gegenaspekts nicht in sich verwirklicht, lebt nicht nur in Einseitigkeit, sondern ist dann auch dazu disponiert, aus seinem Mangel an Ganzheit heraus die Gegenseite in sich oder bei andern zu bekämpfen. Solche Menschen leben in der Haltung des Entweder-Oder und kennen noch nicht die Versöhnung und den Reichtum, die sich aus dem Sowohl-als-auch ergeben. Das Leben in ausschließenden Gegensätzen ist ein Leben in der Dualität ohne die Möglichkeit, die Ganzheit zu finden. Dabei geht es in der ganzheitlichen Schau nicht um intellektuelles Wissen, sondern um das in der eigenen Psyche Realisierte und Erlebte. Das heißt: Erst wenn man in sich

54-55

Auch auf diesen beiden Bildern ist die Vereinigung des männlichen Buddha mit seiner Prajna vom oralen bis genitalen Bereich vollzogen. Der Adibuddha ist die höchste Gottheit des Tibetischen Buddhismus und damit das Symbol der höchsten Weisheit. Die blaue Farbe entspricht der Zuordnung des Männlichen zum geistigen Bereich, während seine weibliche Entsprechung weiß dargestellt wird. Aus ihm gehen alle Aspekte der Buddhas hervor und vereinen sich wieder nach ihrer Auflösung in der Vollkommenheit seiner Leerheit. Unter Verzicht auf allen Schmuck wirkt sein Bild in seiner Einfachheit durch äußerste Konzentration auf das Wesentliche.

selbst männliche und weibliche Kräfte entwickelt hat und damit ein Mindestmaß an Selbstverwirklichung stattgefunden hat, können wir vieles in der Welt und am andern Menschen verstehen und ihm neu begegnen, während wir vorher nur in oppositioneller Auseinandersetzung reagieren konnten.

Die Bedeutung dieser Symbole spricht uns nicht nur im kultischen Bereich, in der Welt der künstlerischen Gestaltungen an und ist uns nicht nur im spontanen Symbolverstehen von Kindern verständlich, sondern geht jeden von uns unmittelbar selbst an. In unseren Träumen, welche jenseits unseres rationalen und nach logisch-kausalen Prinzipien geordneten Denkens ablaufen, schafft die Psyche in der Bildsprache ein hohes Maß an symbolischen Gestaltungen. Ein Mann, der sich in einer kritischen Lebenssituation befand, träumte: »Ich irre und taste mich im Dunkel eines Raums herum und suche den Lichtschalter, weil ich mich in dieser Dunkelheit an den Gegenständen stoße und den Ausgang nicht finden kann. Schließlich erreiche ich den Schalter, mache Licht an und fühle mich wie erlöst. Ich stelle fest, daß ich im falschen Haus bin und kann jetzt den Ausgang finden.«

Der Träumer hat die Symbolik des Lichts im Traum in mehrfacher Hinsicht erfaßt: Das Licht ist für ihn lebensnotwendig, da er sich im Dunkel an den Dingen stößt und keinen Ausweg finden kann. Die Suche nach dem Lichtschalter drückt sein ernstes Bemühen um Einschalten von mehr Bewußtsein und Klarsicht in seiner gegenwärtigen verworrenen Lebenssituation aus. Mit Hilfe des Lichts, d. h. der Überschau und des Erkennens stellt er fest, daß er dort, wo er sich zur Zeit befindet, weg muß.

Ein weiterer Sonnentraum lautet: »Ich muß ein krankes Kind aus einem dunklen Haus heraus in die Sonne legen.« Hier wird dem Träumer gesagt, er soll die in ihm seither unbewußt und unentwickelt vorhandenen Möglichkeiten den Kräften der Sonne und der verlebendigenden Macht des Bewußtseins aussetzen. Der Träumer war sich der Möglichkeit der Entwicklung der potentiellen Kräfte in ihm selbst nicht bewußt.

Diese beiden Träume sagen über die heilenden Kräfte des Bewußtseins, also der Sonnenkräfte aus. Wir stoßen in den Träumen jedoch auch auf die therapeutische Wirkung der dunklen Seite, symbolisch gesprochen der Mond- und Nachtkräfte. Viele müssen in ihren Träumen tief hinabsteigen in dunkle Bereiche, die für den Träumer zunächst unübersichtlich sind und ihn oft ängstigen. Die Träume von einer neuen Geburt sind immer dadurch gekennzeichnet, daß durch eine dunkle Phase hindurchgegangen werden muß. Eine junge Frau sah im Traum den Mond groß über der Erde schweben. Bei genauem Betrachten konnte sie feststellen, daß im Mond viele Embryonen sichtbar waren. Dieser Traum wurde geträumt in einer Phase, da der Träumerin ihre durch Studium und zeitgemäße Emanzipation unterdrückten weiblichen Kräfte und Fähigkeiten bewußt wurden.

Daß die Bewußtseins-Sonnen-Kräfte und die Dunkel-Mond-Kräfte sich nicht nur in der Außenwelt, sondern auch im Menschen gegenseitig behindern können, kann man in vielen Träumen wahrnehmen. Eine Frau träumte, sie solle ein Kind bekommen, jedoch mußte ihr zuerst der Kopf abgeschlagen werden. Der Kopf als Symbol männlichen Denkens und Bewußtseins war der Lebenssituation der Träumerin hinderlich, so daß sie für weitere wesentliche Entwicklungsschritte die Dominanz männlichen Verhaltens aufgeben mußte. Es handelte sich um eine Frau, welche durch negative Erlebnisse mit ihrer Mutter so sehr verängstigt war, daß sie alles Weibliche in sich ablehnte und in falsch verstandener Verselbständigung leben wollte.

Ein intellektualistisch vereinseitigter Mann träumte, er solle »die Vögel in der Nacht füttern«. Diese Mitteilung aus seinem Unbewußten war eine Aufforderung, sich dem zuzuwenden, was noch unbewußt im Dunkel seiner Seele verborgen war. Er sollte der weiblichen Seite Kraft zufließen lassen, um zu verhindern, daß sie weiterhin unterernährt blieb. Während der eine durch zu einseitige Intellektualität und Unentwickeltheit der weiblichen Funktion, durch Unfähigkeit zu fühlen, zu intuieren, im richtigen Augenblick passiv und aufnehmend zu sein, sich selbst beschränkt oder gar krank macht und Symptome des Gestörtseins zeigt, wird der andere dadurch behindert, daß er zu wenig Bewußtsein erreicht und sich nicht aus dem Zustand kindlicher Unbewußtheit zu lösen vermag. Ein solches Beispiel bot der Traum mit der Suche nach dem Lichtschalter. Der kluge Intellektuelle ist behindert in seinem Bewußtsein im Hinblick auf Erkenntnisse, die

58-59

Die Vereinigung von männlich und weiblich kann im Thangka auch durch das Nebeneinander von Sonne und Mond ausgedrückt werden. Dabei wird die Sonne, die in allen Kulturen als Symbol des Männlichen verstanden wird, manchmal zusätzlich durch einen in ihr enthaltenen Adler oder Falken gekennzeichnet. Diese Tiere sind am Himmel zu Hause und damit Symbole der männlichen Geistigkeit. Der Mond, welcher der weiblichen Seinsform entspricht, enthält den Hasen, der wegen seiner Fruchtbarkeit zum weiblichen Aspekt gehört.

Auch eine abstrakte Form der Darstellung der Vereinigung dieser Gegensätze ist denkbar. Die fünf Dakinis auf dem rechten Bild tanzen auf einem Dreieck, dessen Spitze nach unten zeigt. Das mit seiner Spitze nach dem Unbewußten orientierte weibliche Dreieck entspricht der Darstellung vieler Frauen in Bildern Chagalls, welche mit dem Kopf in die Tiefe weisend gemalt sind und damit ausdrücken, daß sie andere Weisheiten erreichen als der Mann.

Im Thangka wird dieses Dreieck durchdrungen von einem männlichen Dreieck, dessen Spitze nach oben in die bewußte Welt zeigt. Beide zusammen bilden als Einheit ein Hexagramm.

im Bereich der Mondsymbolik stehen, während der stark aus den Kräften des Unbewußten Lebende dann beschränkt ist, wenn dies in reiner Unbewußtheit und ohne Realisierung und Gestaltung in der bewußten Welt geschieht. Dabei ist es möglich, daß beide Gefahren in demselben Menschen vorhanden sind.

Die Auflösung der Spannungssituation durch Vereinigung der Gegensätze wird auch im Traumbild vorgeschlagen. Eine Frau sah im Traum eine schöne, wohlgeformte, flache Schale aus Gold. Auf der einen Seite dieser Schale war als Relief ein nackter liegender Körper einer Frau, auf der gegenüberliegenden Seite ein erigierter Penis ausgeprägt. Der Träumerin war schon im Träumen deutlich, daß es sich bei dieser Aussage um etwas sehr Wertvolles und Wichtiges handelte. Es wurde ihr vom Unbewußten vor Augen geführt, daß manche ihrer persönlichen und partnerschaftlichen Probleme dadurch zu lösen wären, daß sie in sich selbst männliche und weibliche Kräfte, Erlebens- und Reaktionsformen entwickelte. Die Vereinigung beider Seiten in der Schale, welche als Ellipse zwei Brennpunkte hat und damit die Einheit einer Partnerschaft von zwei Individuen sinngemäß ins Bild setzt, wollte zeigen, daß diese Frau nicht durch einseitige Akzentuierung zur Harmonie kommen konnte.

Die Vereinigung der Gegensätze männlich-weiblich haben wir nun in verschiedenen Formen erlebt. Einmal war es der Buddha mit seiner weiblichen Ergänzung, dann die Symbole in den Werken europäischer Künstler, in den Träumen von Menschen der Gegenwart, die Aspekte des Nebeneinander von Sonne und Mond bis hin zu der abstrakten Darstellung in geometrischer Form. Ein weiterer Gegensatz, der im Verlauf des Prozesses zur Erkenntnis hin vereinigt werden muß, wird im esoterischen Buddhismus in der Vereinigung der friedvollen mit der zornvollen Erscheinungsform angestrebt und in den Bildern dargestellt.

Voraussetzung dafür ist das Wissen, daß alle Wesen zwei Aspekte haben, eben den friedvollen und den zornvollen. Man könnte diese auch als statische und dynamische Verhaltensweise bezeichnen. Für uns Europäer ist diese Schau des Doppelaspekts nicht selbstverständlich. Wie wir in der graphischen Darstellung sahen, betont der Asiate in seiner Innenschau die Dynamik, während er nach außen wenig Handlung und Aktion darbringt. Der Europäer dagegen wird sich der Dynamik der inneren Abläufe trotz seiner sich überstürzenden Aktivität nach außen weniger bewußt. Daß es sich beim Wissen um den Doppelaspekt um zentrale Zusammenhänge und Wahrheiten im menschlichen Grundverhalten handelt, wird dadurch bestätigt, daß auch in anderen Kulturkreisen das Wissen um die Doppelseitigkeit alles menschlichen Geschehens erkannt und formuliert wurde. So weisen die chassidischen Geschichten, wie sie Martin Buber anführt, auf diese Betrachtungsweise hin. Der Rabbi stellt die Frage: »Was tust Du, wenn Du einen Geldbeutel findest?« Der eine Befragte antwortet, er gebe ihn zurück oder ab. Der Rabbi nennt ihn einen Narr. Der andere sagt, er werde das Gefundene behalten. Darauf nennt ihn der Rabbi einen Bösewicht. Weise ist der, der äußert, er wisse nicht, ob es ihm gelingen wird, mit dem bösen Trieb zurechtzukommen oder ob dieser ihn überwältigen werde. Es könnte aber auch sein, daß Gott ihm beistehe, den Geldbeutel zurückzugeben.

Mit dieser kleinen Geschichte will der Rabbi aufzeigen, daß das Wissen um die immer vorhandene doppelte Möglichkeit im Menschen als etwas Grundsätzliches erkannt und als Realität hingenommen werden muß. Unter solcher Klarsicht wird erst deutlich, wieviel Aggressionen in der Psyche des Friedvollen bestanden und verarbeitet werden müssen. Wenn diese nur verdrängt werden, handelt es sich nicht um eine echte Integration und führt darum im Laufe der Zeit zu Symptomen und Krankheit. Andererseits müssen wir bedenken lernen, was der ausschließlich in der Außenwelt agierende dynamische Mensch unseres Kulturkreises an Gegenkräften verdrängt. Sein Mangel an innerer Verarbeitung und Erleben, an transzendenter Schau und passivem Ergriffensein erklärt viele seiner Schwierigkeiten und Leiden.

Die friedvolle Erscheinungsform sehen wir im
63 Thangka am besten im Paradies des Amitabha. Dorthin kommen alle Wesen, wenn sie nach der langen Reihe von Wiedergeburten zur Erleuchtung gelangen. Im Paradies genießen sie volles Glück ohne leiden zu müssen. In dieser Welt, der »Erde des Glücks«, ist alles in Vollendung vorhanden. Greifen wir nun aus dem Kreis der acht Bodhisattvas, die als engste Jünger und Vertraute des Buddha Amitabha anzusehen sind und was auch durch ihre Anordnung im Bild im inneren Kreis zum Ausdruck
gebracht ist, den blauen Bodhisattva Vajrapani heraus, so 62
ist auch er dem gesamten Aspekt dieses Thangkas entsprechend in friedvoller Haltung dargestellt. Er ist einer der drei führenden Vertreter des Buddhismus, welche oft zusammen abgebildet werden. Während Manjushri mit dem Schwert als Verteidiger der reinen Lehre verstanden werden will, Avalokiteshvara in seinen verschiedenen
Erscheinungsformen bis zu tausend Arme und Augen 74
erhält, um mit ihnen das Leiden in der Welt zu sehen und helfen zu können, verkörpert Vajrapani die innere Stoßkraft des Buddhismus. Er wird daher weit häufiger in seiner zornvollen Erscheinungsform auftreten als so friedvoll, wie es hier im Paradies geschieht.

In seiner zornvollen Erscheinung kommt er im Tanz- 67
schritt dahergestürmt. Er hält den Vajra in der rechten
Hand hoch erhoben. Dieses Zepter enthält den Diaman- 66
ten, der, wie wir oben in seiner Symbolik sahen, die höchste Konzentration in Reinheit und Härte bedeutet. In der linken Hand hält er eine große Schlange. Seine Ausstrahlung wird durch die ihn umgebende Flammenaureole zum Ausdruck gebracht. Seine Kraft demonstriert das Tigerfell. Er ist mit Schlangen gegürtet und trägt sie als Schmuck am Handgelenk, das Zeichen dafür, daß er Macht über sie besitzt. Über ihm schwebt der mythische Vogel Garuda, als dessen Herr der Bodhisattva ebenfalls gilt. Seine Dynamik, Macht und Kraft reicht also vom unteren erdhaften Bereich und der Dimension der Tiefe bis hinauf in die geistige Sphäre.

Wichtig ist nun für unseren Gedankengang, zu erkennen und zu wissen, daß beide Erscheinungsformen, die friedvolle wie die zornvolle, einundderselbe Bodhisattva sind. Für unsere gewohnte Betrachtungsweise wären es wieder zwei Wesen mit ganz verschiedenen Eigenschaften. Die buddhistische Ansicht lehrt uns, auch hier die polaren Gegensätze zu vereinen, um sie für uns in der Ganzheit zur höheren Erkenntnis fruchtbar werden zu lassen.

Die Aussage in den Thangkas ist immer von der Ganzheit her geprägt. Die ganzheitliche Schau der Welt und des Seins ist nie in Frage gestellt. Nur in seinem irdischen Dasein gerät der Mensch durch die Überflutung von ein-

62-63

Dieses tibetische Thangka zeigt den roten Buddha Amitabha in seinem Paradies. Dort genießen alle Wesen, die zur Erleuchtung gelangt sind, das Glück in Vollendung. Der Buddha ist umgeben von den acht großen Bodhisattvas. Auch sie erscheinen hier im Paradies in friedvoller Form. Unter ihnen befindet sich der blaue Vajrapani, der seinem Namen entsprechend das Diamantzepter in seiner rechten Hand hält.

zelnen Erscheinungen dieser Welt in Gefahr, die Teile des Seins als scheinbare Wahrheit hinzunehmen. Seine Aufgabe besteht daher darin, die Aspekte hinter allen Gegensätzen als Teilwahrheit zu erkennen. Erst der innere Aufbau aller Teilwahrheiten bereitet ihn vor auf das Ziel, einszuwerden mit dem großen Undefinierbaren, welches hinter den Erscheinungen steht. Jenes Unformulierbare, welches hinter allem Sein steht, ist eben gerade das, was jenseits des Seins ist. Dort gibt es keine Einzelheiten und Aussagen mehr. Im Sinne der Einzelaspekte unserer Welt ist dort nichts, »das Nichts«, die Leere. Diese beginnt in Fernen da, wohin unser Wahrnehmen und Denken nicht reicht. Sie liegt also jenseits alles vordergründig Seienden und wird gerade darum als Leere und Nichts bezeichnet. Wo wir versuchen, Aussagen über die Transzendenz zu machen, tritt der Buddhist ins Schweigen ein und vermeidet eine Formulierung.

Der Asiate hat seine synoptische Weltschau nie aufgegeben. In den Doppelaspekten der friedvollen und zornvollen Gottheiten ist auch alle Destruktion, die Gegenkraft, das Böse und Gefährliche stets mitenthalten. Das Christentum hat in seiner Theologie immer wieder mit Schwierigkeiten zu kämpfen gehabt, das Böse in Form der Macht des Teufels zu erklären und einzuordnen. Es wurde theologisch nie befriedigend geklärt, woher der Teufel kam, was er soll und was aus ihm wird. Durch unser zergliederndes Denken und durch die damit verbundene Entstehung der Dualismen wurde die europäische Weltanschauung geprägt. Der Verlust der Ganzheit, der Zentrierung und der Mitte führte zu Sinn- und Zielverlust. Wenn daher heute Europäer und Amerikaner sich mit großem Interesse östlicher Weltanschauung und damit auch den Bildern, welche diese veranschaulichen, zuwenden, steht bewußtes oder unbewußtes Suchen nach dem Weg zur Mitte und zur Einheit dahinter.

In den Abbildungen der Erscheinungen des Tibetanischen Totenbuchs, welche der Tote in den 14 Tagen nach seinem körperlichen Tod erlebt, kommen die friedvollen Formen der ersten sieben Tage aus dem Herzen. Die zornvollen dagegen, welche vom 8. bis 14. Tag auftreten und dieselben Buddhas sind, entspringen dem Hirnzentrum. Dies wird in den Abbildungen so dargestellt, daß die Erscheinungen des Nach-Tod-Daseins in zwei getrennten

Kreisen im Herzzentrum und Gehirnzentrum eines meditierenden Buddhas angeordnet sind. Die friedvolle Form des einzelnen Meditationsbuddhas ist dann im Herzen, die entsprechende Herukaform der zornvollen Erscheinung desselben Buddhas im Gehirn zu finden. Es gibt auch Thangkas, welche die zornvollen in der oberen, die friedvollen in der unteren Hälfte anordnen, so daß ein deutlicher Trennungsstrich zwischen oben-unten, Hirn-Herz, zornvoll-friedlich zu ziehen wäre. Diese Einordnung nach Herz und Hirn ist auch uns wohl leicht nachvollziehbar.

Wie beim männlichen Bodhisattva Vajrapani ist der Aspekt der friedvollen und zornvollen Erscheinung auch im weiblichen Bereich aufzuzeigen. Wir haben vorher Avalokiteshvara als den großen Helfer kennengelernt.
70 Seine weibliche Entsprechung ist die grüne Tara. Sie gilt als Schutzgöttin der Hauptstadt Lhasa und wird allgemein als Nothelferin in den acht Gefahren angerufen. Sie hilft bei Feuer und Wassernot, gegen Elefanten, Löwen und Schlangen wie auch gegen Räuber, Hunger und Armut. Sie ist immer auf dem Sprung, wie schon aus ihrer Beinhaltung auf dem Lotosthron hervorgeht. Irgendwo ist immer ein Wesen in Not und braucht ihre Hilfe. Um helfen zu können, hat auch sie ihre Augen und Arme vervielfacht. Natürlich müssen wir die Situationen, da Menschen ihre Hilfe in Anspruch nehmen wollen, nicht nur wörtlich nehmen, sondern auch in übertragenem Sinne auf geistiger Ebene verstehen. Es ist nicht nur die materielle Armut, gegen welche die Tara helfend einspringen soll. Es gibt auch die Armut im Geiste. Diese ist für die Entwicklung eines Menschen gefährlicher, als wenn er in materieller Not ist. Auch die Gefahr, vom Wasser bedroht zu werden, will nicht nur wörtlich verstanden sein. Ein Überschwemmtwerden von den eigenen inneren unbewußten Wünschen und Vorstellungen kann gefährdender werden. Ein Mensch, der auf diese Weise von unbewußten Potenzen besetzt wird, kann sein Ichbewußtsein verlieren. Das bedeutet die Auflösung der Persönlichkeit und das Verfallen in Wahnsinn. Doch nicht nur in diesen großen Perspektiven ist Hilfe gegen Überschwemmung nötig. Auch im banalen Alltag unseres heutigen Lebens gibt es Überflutungen, die uns in der Freiheit der persönlichen Entscheidung bedrohen. Gegen die Flut des Überangebots unserer Konsummöglichkeiten und der Werbung dafür wird ein rechtzeitiges Einsetzen der Tarakräfte in uns zweckmäßig sein. So gibt es keinen Menschen, der nicht diese Form der friedvollen Helferin aus der Not brauchen könnte. Sie stellt den helfenden Aspekt des Weiblichen in 71
sehr vielseitiger und konzentrierter Form dar.

Diese höhere Form weiblichen Seins und der entsprechenden Verhaltensweisen vermochte der Mensch im Verlauf seiner Entwicklung nicht sofort und spontan in sich zu verwirklichen. Deshalb schuf er zunächst mit Hilfe der Projektion das Bild der Göttin. Damit wird Unbewußtes sichtbar, so daß es geschaut werden kann und ein Gegenübertreten möglich wird. Dieser Vorgang, die Auseinandersetzung mit Inhalten, welche bis dahin noch unbewußt waren, dadurch einzuleiten, daß man sie im Bild sichtbar macht, wird auch in folgendem Traum deutlich: Der Träumer tritt durch ein dunkles Tor in einen quadratischen Klosterhof ein. Das Tor schließt sich hinter ihm. In völliger Abgeschlossenheit muß er verweilen. Dann wird in einer Nische, welche sich in der Mitte der ihm gegenüberliegenden Wand befindet, ein Bild sichtbar. Dieses stellt das Thema dar, mit dem er sich in diesem Abschnitt seiner Analyse gerade beschäftigt und mit welchem er zunächst nicht weiterkam. In der Begegnung mit dem sichtbar gewordenen Bild im Traum wie auch in der Darstellung der Göttin vollzieht sich eine neue Auseinandersetzung. Wer sich meditativ in die Tara vertieft, versucht, sie bei sich zu verinnern. Das bedeutet, daß die Projektion zurückkehrt ins eigene Innere, um dort zunehmend verwirklicht zu werden. Die Kräfte und Möglichkeiten der Tara kehren in den Meditierenden ein, um sich in seiner Psyche zu verwirklichen. »Tara« meditieren heißt, in seinem eigenen Innern »Tara« werden zu lassen. Dabei müssen wir wieder bedenken, daß die Entwicklung weiblicher Seinsformen und Reaktionsweisen nicht nur für die Verwirklichung des Menschenbildes einer Frau, sondern auch im selben Maße für die Menschwerdung des Mannes notwendig ist. Männer, welche die in der Tara verkörperten Funktionen ihrer weiblichen Seite nicht oder zu wenig entwickeln, sind auch in ihrer Männlichkeit gestört. Ihr Verhalten ist durch Undifferenziertheit und durch eine primitive Form des Männlichen gekennzeichnet.

66-67

Derselbe Vajrapani, welcher auf den beiden vorhergehenden Bildern im Paradies in seiner friedvollen Form dargestellt war, kommt in seiner zornvollen Erscheinung im Tanzschritt dahergestürmt. In beiden Thangkas hält er das Diamantzepter jetzt in seiner rechten Hand hoch erhoben. Da er aber auch Herr der Schlangen ist, schmückt er sich mit ihnen als Gürtel und an Armen und Beinen. Diamant und Schlange sagen aus, daß seine Macht und Kraft vom erdhaften Bereich der Schlange bis zur geistigen Sphäre des kristallinen Diamanten reichen. Nach unserer gewohnten Betrachtungsweise würden wir in der friedvollen und zornvollen Erscheinung zwei verschiedene Wesen sehen. Die buddhistische Anschauung lehrt, diese beiden polaren Gegensätze von zornvoll und friedvoll als Ergänzungen zu sehen, welche in einer höheren Erkenntnis als Ganzheit verstanden werden können.

In krassem Gegensatz zur Tara steht ihre zornvolle
Erscheinungsform. Es ist die Lhamo, welche auf ihrem fal- 75
ben Maultier über den Blutsee reitet. Das Tier ist gekennzeichnet durch ein zusätzliches Auge, das es auf dem linken Oberschenkel trägt. Die Legende berichtet, daß das Maultier dort von einem Pfeil getroffen wurde. Aus der Wunde entwickelte sich ein Auge, damit es auch nach hinten und nach der Seite sehen kann und so gegen Angriffe
von dort gesichert ist. Das Tier ist mit Schlangen aufge- 79
zäumt. Eine frische Menschenhaut dient der Lhamo als Sattel. Sie ist an den Füßen mit einer Kette gefesselt, da sie sonst in ihrer Raserei die ganze Welt zerstören würde. Am Zaumzeug hängen die Schicksalswürfel, ein weißer und ein schwarzer. Dazu ist ein Wollknäuel erkennbar. In dem Säckchen hält sie Krankheiten verborgen. Wenn sie es öffnet, kommen Seuchen wie die Pest über die Menschheit. So galoppiert sie durch die Welt als Symbol höchster Potenz an Zerstörung und Vernichtung.

Diese destruktive Form der Weiblichkeit zu sehen und dazu noch zu bejahen, fällt uns vom europäischen Blickfeld her sehr schwer. Wir sind gewohnt, das Weibliche in der helfenden und nährenden Form zu erleben, wie wir es oben bei der grünen Tara getan haben. Der Mutteraspekt findet bei uns seinen Schwerpunkt stets in der Alma Mater. So wurde die Mutter mit dem Kind an der Brust durch die gesamte mittelalterliche Kunst dargestellt. Sie wurde in die religiöse Ebene gehoben als Madonna mit dem Christuskind, sie war aber auch schon im mythologischen Bereich des Altertums zu finden, als die Wölfin Romulus und Remus säugte. Der destruktive Aspekt der Großen Mutter trat weit zurück. Gewiß kennen wir die Hexe, die Hänsel und Gretel fressen möchte. Im Märchen retten sich Hänsel und Gretel vor der Übermacht der Hexe, indem sie diese durch eine List überwältigen und verbrennen. Als Lösung ist also angegeben, daß nur die Auflösung der destruktiven Kräfte und ihre energetische Umwandlung die Gefahr des Gefressenwerdens bannen kann. Verschlungenwerden bedeutet, daß Ichentfaltung, Bewußtseinsentwicklung und damit letzten Endes eine Individuation nicht möglich ist, solange das Ich von unbewußten Kräften beherrscht und vernichtet werden kann.

Auch in der Mythologie des europäischen Kulturkreises gab es Beispiele fressender weiblicher Gottheiten. Am deutlichsten bringt dies vielleicht die Gorgo im Westgiebel des Artemistempels von Korfu zum Ausdruck. Diese Plastik aus dem frühen 6. Jahrhundert vor unserer Zeitrechnung tritt dem Beschauer aus der Mitte des Giebels in drohender Haltung entgegen. Wie die Lhamo ist auch die Gorgo mit Schlangen gegürtet. Dies unterstreicht ihre Beziehung zur Wandlung und Auflösung. Nach Homer befand sich die Gorgo ursprünglich in der Mitte der »männermordenden« Ägis, dem Schutzschild des Zeus, welchen aber auch Athene trug. Der Mund der Gorgo ist in den meisten Darstellungen stark betont. Dies wird noch unterstrichen durch die gebleckte Zunge. Oft hängen auch die Haare in Form von Schlangen um den Kopf. Immer nimmt sie eine drohende Haltung ein. Mit dieser Form der Weiblichkeit müßten sich im Mythos Männer auseinandersetzen. Am bekanntesten ist uns der Kampf des Perseus mit der Medusa, welche durch ihren Blick versteinern konnte. Er nahte sich ihr von hinten und schlug ihr den Kopf ab. Der Sieg des Mannes über diese drohende Weiblichkeit aus der Vorstufe des Bewußtseins hat durch die mittelalterliche Kulturgeschichte hindurch Künstler zur Identifikation mit Perseus gebracht: Sie bildeten ihn ab als Sieger über die Medusa, deren Haupt er triumphierend hob, und vollzogen so in sich ebenfalls den Sieg ihrer Männlichkeit über die Bedrohung durch eine fressende Weiblichkeit. Das bekannte Beispiel ist die Perseusstatue in der Loggia dei Lanzi in Florenz.

Wenn man der Gorgo gegenübersteht und ihrer Wirkung ausgesetzt ist, frägt man sich, aus welcher Erfahrung der Mensch solche Projektionen gestalten mußte. Die dahinterstehenden Grunderfahrungen stammen aus einer ganz bestimmten, uns heute kaum mehr einfühlbaren Stufe innerhalb der Entwicklung des menschlichen Bewußtseins. Diese Vorgänge hat Erich Neumann in hervorragender Form in seinen Veröffentlichungen dargestellt. Ursprünglich war männliche und weibliche Seinsweise im unbewußten Dasein noch nicht geschieden. Die Urgottheiten waren Göttinnen mit betontem Bauch und großen Brüsten, da es auszutragen, hervorzubringen und zu nähren galt. Gleichzeitig waren sie jedoch vom männlichen Aspekt zu herrschen, zu fordern und zu verbieten gekennzeichnet. Die Differenzierung begann mit Versuchen der Loslösung und der Emanzipation gegenüber dem Beherrschtwerden von dem All-einen, welches sich in der Gottheit der Urmutter verkörperte. Die Entwicklung zu höherer Bewußtwerdung forderte Ablösung. Die Urmütter reagierten auf solche Versuche der Verselbständigung männlicher Kräfte mit Verfolgung, Rache und Vernichtung. Dieses Wiederzurücknehmen in den eigenen Leib erfolgte konsequenterweise durch fressen und verschlingen.

In vielen Mythen ist uns die Opferung edler Jünglinge überliefert, welche weiblichen Erdgottheiten als Sühneopfer dargebracht werden mußten, damit die Entfesselung ihrer Besitzansprüche, Wünsche und Forderungen verhindert wurde. Nur so konnte die drohende Vernichtung des aufkeimenden männlichen Bewußtseins abgewendet werden. Dadurch erst wurde Dualität und Differenzierung möglich. Emanzipation ist ein Ablösungsprozeß und ein Heraustreten aus einem seitherigen Zusammenhang. Er ist auf dieser frühen Entwicklungsstufe der Menschheit mit großen Schuldgefühlen verbunden, welche zum Ausgleich durch Opferungen und projektiven Gestaltungen in den Mythen drängen. Auch der heutige Mensch verbindet seinen Ablösungsprozeß von bestehenden Beziehungen in der Pubertät mit dem Erleben von Schuldgefühlen. Das Verschlungenwerden durch das Weibliche ängstigt den Mann noch heute. Die Unterdrükkung der Frau in unserer Zivilisation und Kultur muß man psychologisch aus der Urangst des Mannes vor der verschlingenden Gorgo verstehen.

Auch in späteren Heldensagen war die Gefahr für den Mann, durch eine fressende Weiblichkeit verschlungen zu werden, noch enthalten. So muß auch Odysseus auf seinem Entwicklungsweg Skylla und Charybdis bestehen. Während er danach trachtet, der verschlingenden Charybdis zu entgehen, läuft er Gefahr, von Skylla gefressen zu werden. Diese ist ein Ungeheuer mit Fischschwanz und mehreren Hundeköpfen. Der verschlingende Aspekt ist also durch die Vermehrung der Köpfe und Mäuler vervielfacht. Bei diesem Drang nach Auffressen reicht ein Maul nicht aus. Der Fischschwanz weist darauf hin, daß diese Skylla noch gar nicht ganz aus den Wassern des Unbewußten aufgetaucht ist, sondern immer noch mindestens zum Teil in diesem Element lebt. Wie die fressende Funktion bei der Skylla durch die Hundeköpfe ausgedrückt ist, hat

70-71

Wie in den vorhergehenden Bildern bei Vajrapani ist die friedvolle und zornvolle Erscheinungsform als zwei Aspekte derselben Gottheit auch für den weiblichen Bereich im Thangka aufzuzeigen. Die grüne Tara wird als Nothelferin in den acht Gefahren, welche für die Außen- wie Innenwelt gelten, angerufen. Wir sehen sie auf dem linken Bild von den Darstellungen dieser Gefahr umgeben. Sie hilft gegen die elementaren Bedrohungen durch Feuer und Wasser, gegen Räuber, Armut und Gefangenschaft wie auch gegen Löwen, Elefanten und Schlangen. Durch den vorgestellten rechten Fuß immer sprungbereit stellt sie den helfenden Aspekt des Weiblichen dar.

auch die tibetische Lhamo zwei tierköpfige Begleiterinnen, die drachenköpfige Makaravaktra und die löwenköpfige Shimhavaktra. Auch Odysseus kommt nicht unbeschadet an der Skylla vorbei. Sie schnappt aus dem vorbeifahrenden Schiff einige seiner Gefährten und frißt sie.

Der heutige Mensch des euro-amerikanischen Kulturkreises weicht diesen archetypischen Kräften und Bildern aus und versucht, ihre Existenz zu verneinen. Psychologisch ausgedrückt verdrängt er den dynamisch-zornvollen Aspekt. Nach dem Gesetz, daß alles Verdrängte auf Umwegen durch die Hintertür oft verkleidet und unerkannt hereinkommt, müssen sich viele auf ihrem Entwicklungsweg analytisch mit der Hexe auseinandersetzen. Besonders häufig trifft man Serien von Hexenträumen in der Ablösungsphase der Pubertät, wenn sich der männliche Jugendliche aus der oft zu engen Bindung zur Mutter löst. So träumte ein Achtzehnjähriger, der wegen starker Gehemmtheit verbunden mit einer Sprachstörung in Behandlung kam, wiederholt von der Hexe, die ihn nicht losläßt, sondern zu sich ins Moor hinunterziehen möchte: »Ich bin im Moor. Alles ist braun und schwarz und düster. Ich höre eine Stimme: Sieh dich vor dem Moorteufel vor. Ich bin ganz allein. Plötzlich sitzt eine Hexe vor mir. Sie singt: Schon hundert Jahre sitz ich hier im Teufelsmoor. Vor Angst erwache ich.«

Die Gefahr, von dieser Hexe in dem düsteren Moor verschlungen zu werden, ist übergroß. In einem weiteren Traum ist die Hexe schon im eigenen Unbewußtsein, im Keller des elterlichen Hauses eingedrungen: »Eine abscheuliche Hexe, mit der ich es schon mehrmals zu tun gehabt habe, erscheint mit einem Diener und bricht in unserem Keller ein. Ich rufe die Hausleute um Hilfe, aber sie wagen nicht, die Hexe anzugreifen. Die Hexe kommt zu uns hinauf. Mit Gewalt versuche ich, sie hinauszudrängen. Ich hefte ihr Zauberklammern an. Sie wehrt sich und will mich behexen. Sie zaubert mir große, verunstaltete Füße an. Mir bleibt nichts übrig, als sie zu erwürgen. Dann werfe ich sie samt ihren Zaubermitteln zum Fenster hinaus. Aber sie fällt nicht, sondern schwebt langsam zur Erde.« Der Diener der Hexe wird als Gestalt halb Mensch, halb Tier beschrieben. Er folgt wie ein Schleier hinter der Hexe. Die Schilderung erinnert uns an die beiden tierköpfigen Begleiterinnen der tibetischen Lhamo.

Der Hilferuf an die Umgebung bleibt ohne Erfolg. Man muß sich selbst mit der Hexe auseinandersetzen. Der Träumer versucht es mit Zaubermitteln. Die Hexe verfügt jedoch über den stärkeren Zauber. Sie behext ihn und zaubert ihm große, verunstaltete Füße. Dem Jugendlichen fällt ein, daß er tatsächlich große Füße hat, und daß seine Mutter ihn immer damit aufgezogen habe. Sie habe ihm als Kind den Namen »Trampelbär« gegeben. Was die Hexe mit ihrer Verzauberung erreichen will, deckt sich mit der Symptomatik des jungen Mannes, die eben in Gehemmtheit und Nicht-agieren-können besteht. Dies hatte in der Kindheit mit übertriebener Verwöhnung durch die Mutter begonnen. In großer Vorsicht und Sorge, welche durch drei vorangegangene Fehlgeburten verständlich wird, ließ die Mutter den Sohn nicht aus den Armen. Die Angst, in dieser Umklammerung zu versinken, war für den Heranwachsenden berechtigt. Die Erkenntnis im Traum, daß man die Hexe mit eigenen Händen erwürgen muß, ist notwendig und bedeutet einen großen Schritt auf dem Weg zur Verselbständigung und zur eigenen Persönlichkeit.

Das Sich-stellen gegenüber diesen Kräften ist oft auch noch für den Erwachsenen zwingend. Ein vierzigjähriger Mann muß im Traum durch einen unterirdischen Gang gehen. In diesem Gang lauert eine dämonische Gestalt, die durch einen riesigen Bauch charakterisiert ist. Sie hat lange Fangarme ausgelegt, so daß man in der Höhle nicht an ihr vorbeikommen kann. Für den Träumer gibt es jedoch kein Zurück. Er muß an dieser gefährlichen Gestalt vorbei. Dies gelingt ihm dadurch, daß er ihr ununterbrochen in die Augen schaut. Das bedeutet: Nur wenn er sich dieser Weiblichkeit stellt und sie beständig im Auge und im vollen Bewußtsein behält, kann er sie bestehen, kommt an ihr vorbei und damit weiter in seiner Entwicklung.

Wie in der Odyssee ist auch in den Erzählungen aus dem Artuskreis die Begegnung mit der negativen Weiblichkeit als Motiv enthalten. König Artus geriet auf der Jagd in die Gewalt eines fremden Ritters, der ihn töten wollte. Durch kluges Verhalten gelang es dem König, eine Chance für sein Leben zu erhalten: Er mußte in Jahresfrist dem Fremden die richtige Antwort auf eine Frage bringen. Die Frage lautete: Was ist den Frauen das Allerliebste auf der Welt. König Artus und sein Neffe, der Ritter Gaiwan, sammelten nun weltweit Antworten auf diese Frage und schrieben diese in ein dickes Buch. Auf der ausgedehnten Suche nach der richtigen Antwort traf König Artus eines Tages im tiefen Wald eine Hexe, die an Häßlichkeit alle seither bekannten Hexen übertraf. Auf einem reich aufgezäumten Pferd kam sie auf ihn zugeritten. Sie erklärte ihm, daß alle Antworten in seinem Buch falsch seien und daß nur sie allein des Rätsels Lösung wisse. Im weiteren Gespräch stellte sie ihm in Aussicht, diese Lösung zu verraten, wenn sie dafür den Ritter Gaiwan zum Mann erhalte. Der König sah in seiner Not keine andere Möglichkeit. Ritter Gaiwan willigte ein, seinem Onkel zuliebe diese Hexe zu heiraten. König Artus überbrachte seine Zusage der Hexe und erhielt von ihr dafür die Antwort: Was die Frauen am liebsten auf der Welt wollen, das ist: die Männer zu beherrschen. Mit dieser Antwort ritt der König nach Jahresfrist zu dem fremden Ritter. Alle Antworten im Buch waren falsch, aber die Hexe brach den Bann. Der fremde Ritter entließ den König aus seiner Gewalt. Die Hexe kam mit dem König zum Hof. Ritter Gaiwan erklärte sie zum Entsetzen aller Hofleute zu seiner Frau. In der Hochzeitsnacht war er nach einigem Zögern bereit, sich mit ihr zu vereinigen. Durch diese Bereitschaft verwandelte sich die furchtbare Hexe in eine wunderschöne Frau.

Bei aller Abmilderung der Extreme durch Einkleidung und Darbietung des Motivs in der höfischen Form des Mittelalters besteht auch hier die Lösung des Konflikts im Annehmen der zunächst negativ gesehenen Form dieser Kräfte in Gestalt der Hexe. In der Vereinigung mit ihr werden die positiven Seiten sichtbar. Dieses Annehmen der zunächst negativ erlebten bedrohenden Kräfte wird vom Unbewußten immer wieder als Lösung angeboten. Wir erlebten dies in der Entwicklung einer unserer Töchter. In der kleinkindlichen Phase, da die Angst erstmals im Kind ins Bewußtsein aufsteigt, konnte sie abends schwer einschlafen oder wachte nachts auf. Im Gespräch wurde deutlich, daß sie »Angst vor der Hexe« hatte. Wir halfen ihr, indem wir die Türe zu ihrem Zimmer offen ließen, so daß sie bei Nacht in engerer Beziehung zu uns stand und sich auch jederzeit durch rufen oder kommen Hilfe holen konnte. Nach einiger Zeit erklärte sie abends beim Zubettgehen: »Jetzt müßt Ihr die Türe nicht mehr offen lassen.« Auf unsere Frage, ob sie keine Angst mehr vor der

74-75

Auf diesen beiden Bildern stehen sich polare Gegensätze gegenüber. Der tausendarmige Avalokiteshvara vertritt den friedvollen Aspekt des Helfens: tausend Augen zu haben, um das Leiden in der Welt zu sehen, und tausend Arme, um zu helfen. Im unteren Teil des linken Thangkas sehen wir acht Erscheinungen der grünen Tara, wie wir sie als Nothelferin gegen die acht Gefahren auf den beiden vorhergehenden Bildern kennengelernt haben.
Demgegenüber erscheint in schärfstem Gegensatz der dynamische weibliche Aspekt in Form der zerstörerischen Lhamo. Sie würde die ganze Welt auflösen, wenn ihr auf ihrem Maultier nicht die Füße durch Ketten gebunden wären. Einen See von Blut läßt sie unter sich zurück. Um die geheimnisvolle Kraft und Wirkung der Göttin zu unterstreichen, ist das Bild als schwarzgrundiges Thangka gemalt.
Wer bei der Feinheit der Linien in der Ausführung der Thangkas noch Zweifel hatte, ob diese Bilder tatsächlich mit dem Pinsel gemalt sind, kann auf dem Bildrand des linken Thangkas die Versuche des Pinselansatzes beim Malen erkennen.

Hexe habe, antwortete sie: »Die Hexe ist schon noch da. Aber ich mag sie jetzt. Dann kann sie mir nichts mehr tun.« Das Kind erfaßte intuitiv, was wir heute mit Hilfe der analytischen Psychologie aus Erfahrung wissen.

Wenn man diese scheinbar negativen Seiten nicht annimmt und wenn man sich mit diesen Kräften, welche in den Gestalten der Lhamo-Gorgo-Hexe sichtbar werden, nicht beschäftigt, sondern diese verdrängt, lebt man
in der ständigen Angst vor dem erschreckenden weibli- 78
chen Urbild und wird dadurch in seiner Entwicklung behindert. Diese Kräfte können sich dann im weiteren Verlauf gegen den Träger selbst richten und sich in masochistischer, selbstzerstörerischer Form bemerkbar machen. Sie können aber auch in den Beziehungen zu anderen Menschen auftreten und führen dann zu sadistischen Quälereien an Menschen und Tieren und zur Zerstörung von Spielzeug und Kleidung. Die direkte Form dieses hexenhaften Verschlingens erleben wir, wenn eine Mutter ihr Kind »zum Fressen gern hat« und es nicht zu eigener Entwicklung losläßt. Hier identifiziert sie sich voll mit der verschlingenden Großen Mutter.

Die destruktive Wirkung liegt schon darin, daß sich das Weibliche in absoluter Dominanz zeigt und völlig beherrschend auftritt. Es zerstört und vernichtet, weil es den Entwicklungsprozeß zur Bewußtwerdung und Selbstfindung verhindert, wenn das Ich der Faszination des weiblichen Archetypus erliegt. Die Ablösung von der Mutter unterbleibt und die Differenzierung und Integration zu einem neuen Ganzen kann nicht stattfinden. Menschen, deren Entwicklung diesen Verlauf nimmt, werden passiv, depressiv und hilflos, weil sie alle Lebensprozesse als übermächtig, sich selbst aber als ohnmächtig empfinden. Diese destruktive Wirkung der Lhamo steht darum im krassen Gegensatz zu dem konstruktiven Weiblichen, das in seiner mütterlichen Erscheinungsform lebensfördernd wirkt und dem Menschen zu eigener Produktivität und Kreativität verhilft. Diese beiden Aspekte lassen sich in ihrer Funktion als lebensauflösend und lebensfördernd zusammenfassen.

Die Angst vor dem Weiblichen gilt für beide Geschlechter. Beim Mann verhindert die Angst vor dem erschreckenden Aspekt die Entwicklung der weiblichen Seite im Innern wie den Kontakt zur Frau in der Außenwelt. Die Frau wiederum kann ihre eigene Geschlechtsrolle nicht annehmen, wenn sie den auflösenden, zerstörerischen Aspekt des Weiblichen vor Augen hat. Wer als junges Mädchen das destruktive Weibliche zum Beispiel in der Mutterbeziehung in seiner Gefährlichkeit erlebt hat, will nicht so werden wie diese Mutter. Um sein eigenes Geschlecht bejahen zu können, braucht der Mensch Erlebnisse mit positiven Leitbildern. Über sie wird er sich in dieser Richtung zu entwickeln versuchen. Durch die dadurch einsetzende Strukturierung wird erst der Aufbau eines eigenen Ichs und damit eine Identitätsfindung möglich. Die Urangst vor den verschlingenden, auflösenden weiblichen Kräften kann also für beide, Mann wie Frau, die Ichentwicklung verhindern.

Wer sich diesen auflösenden Kräften der Lhamo in der Welt nicht stellt und sie nicht in sein Weltbild aufnimmt und einordnet, läuft Gefahr, daß er sich nicht der vollen Realität des Daseins bewußt wird. Er entzieht sich mindestens Teilen der Wirklichkeit und gefährdet sich selbst, indem er sich in Illusionen und Utopien bewegt. Der Buddhismus gibt klar zu erkennen, daß nur nach der Zerstörung des Bestehenden etwas Neues werden kann. Deshalb bejaht er diese Kräfte und setzt sie ihrer Wichtigkeit entsprechend ins Bild. Auch hier vollzieht er die Vereinigung der Gegensätze. Die hilfreiche grüne Tara und die schreckliche Lhamo sind für ihn zwei Erscheinungsformen des Weiblichen. Den friedvollen, helfenden und den zornvollen, zerstörerischen Aspekt zusammenzuschauen lernt der Meditierende täglich vor diesen Bildern. In der Annahme dieser Kräfte macht er sich frei von falschen Fixierungen und ordnet sie ein in seine Persönlichkeit.

In welcher Konsequenz und Tiefe die Polarität alles Seins erkannt und ausgedrückt ist, wird am deutlichsten in der Spannung zwischen Tara und Lhamo: Hier wird sichtbar, daß leben immer und überall ein Prozeß ist, der sich zwischen Gestaltung und Auflösung, zwischen Lebensentfaltung und Vergehen vollzieht. Der Gedanke des Todes, die Destruktion und Vernichtung des Gewordenen gehört ebenso zum Leben wie die von uns als positiv empfundene konstruktive Erhaltung und Gestaltung. Das Sein entsteht nicht nur aus dem Werden, sondern ebenso aus dem Sterben. Der Tod ist immer unter uns. Dieser Weisheit stellt sich der östliche Mensch mehr, während der westliche bestrebt ist, sich dieser Bewußtwerdung zu entziehen. Durch bewußtes Erkennen und Bejahen der angsterregenden Seite, sowie durch die Zusammenschau und Vereinigung mit dem aufbauenden Teil kommt der Mensch in seinem Entwicklungsprozeß ein gutes Stück weiter. Nach buddhistischer Weltanschauung wird durch die Teilaspekte unsere Sicht getrübt und wir werden von der Sicht der Wahrheit abgehalten – ein Gedanke, der auch in unserer europäischen Philosophie immer wieder auftaucht. Auch bei Platon wird die Sicht der Idee, die hinter den Dingen echte Wirklichkeit bedeutet, verhindert durch die Vielfalt der Erscheinungen. Die Aufforderung an den Menschen, »wesentlich« zu werden, ist nichts anderes als die Aufgabe, die sich der Meditierende vor den tibetischen Thangkas stellt. Nur wird ihm der Weg dazu in ganz konkreter Form durch Überwindung der Gegensätze in der Vereinigung aufgezeigt und sogar im Bild dargestellt. Die Überwindung der Teilaspekte macht den Blick frei für die eine ganze Wahrheit. Wenn diese Trübungen beseitigt sind, wird das Bewußtsein der absoluten Leere erreicht. Diese ist also nicht unserem Nichts, sondern ganz im Gegenteil unserem Begriff der Ganzheit gleichzusetzen. In der Leere sind alle Teilaspekte integriert. Sie bedeutet die Fülle, über die man keine Aussagen mehr machen kann, weil diese jeweils nur wiederum einzelne Aspekte und Erscheinungen betreffen könnten. Die Leere ist der Wald, den man vor Bäumen nicht sieht. Wir stehen hier an der Grenze, wo das Sein nicht mehr rational faßbar und formulierbar ist. Im Bild jedoch läßt sich dies noch erleben im Symbol der höchsten Reinheit und Kristallisation, dem Diamanten. Er gab im Vajra gefaßt der Richtung des esoterischen Buddhismus in Tibet den Namen: Vajrayana. Ihn trägt der höchste Buddha als Zeichen seiner geistigen Macht und Bewußtheit als Zepter.

Wir aber sind als Menschen noch auf dem Weg. Uns ist schon viel geholfen, wenn wir begreifen, daß Weg und Ziel Teilaspekte sind, zwei Aspekte derselben Wirklichkeit. Damit wäre es auch erlaubt, im Weg ein Stück des Ziels zu sehen und damit eine Sinngebung hineinzubringen, wo uns der Weg zu lang erscheint. Wir begreifen uns dann als Mensch in der Verflechtung und Auseinandersetzung mit den Teilaspekten, aber wissend um das Ziel, hin zur Mitte einer Welt, deren Symbol das Mandala ist.

Genehmigte Lizenzausgabe
für Weltbild Verlag GmbH, Augsburg 2000

Umschlaggestaltung: Paetow & Fliege, Augsburg
Gesamtherstellung: Neue Stalling, Oldenburg
Printed in Germany
ISBN 3-8289-4857-X

78-79

Die zerstörende Wirkung der Lhamo wird im Ausschnitt deutlich: Mit aufgerissenem Mund zeigt sie ihre Lust, alles zu verschlingen. Eine Schädelschale mit Blut und Leichenteilen führt sie sich zum Mund. Das dritte Auge zeigt, daß die Qualität des Göttlichen auch im zerstörerischen Aspekt erhalten bleibt. Die Mondsichel als Schmuck in ihrem Flammenhaar unterstreicht ihre Tendenz zu weiblicher Veränderlichkeit. Diese Ausrichtung auf Wandlung durch Auflösung des Bestehenden symbolisieren auch die Schlangen, welche sie umgeben. Ihr Pferd ist mit Schlangen aufgezäumt.

Diese zerstörerischen, auflösenden Kräfte im Weiblichen als Ergänzung zum mütterlich-helfenden Aspekt zu sehen, fällt uns sehr schwer. Die buddhistische Anschauung läßt keinen Zweifel, daß diese Aspekte Ergänzungen sind, die erst beide vereint das Wesen des Weiblichen ausmachen.